후보단일화 게임

일러두기

출처는 번호로 표기하고 미주로, 용어 등에 대한 설명은 •로 표기하고 하단 주로 처리했다.

황두영
지음

후보단일화 게임

대통령이 되기 위한 절체절명의 협상 테이블

양당제에 만족하지 못한 유권자들,
'후보단일화'를 만들어내다

민주화 이후 후보단일화는 대선 때마다 등장했고, 이제는 아예 선거라면 으레 회자되는 하나의 변수가 되었다.

후보단일화는 선거 과정에서 둘 이상의 후보가 벌이는 협상 게임이다. 이들은 그중 한 후보에게 표를 몰아주기 위해 나머지는 사퇴해야 하는 게임을 진행한다. 어떤 후보가 후보단일화를 원하면, 상대 후보를 설득해 이 게임에 참가시켜야 한다. 그리고 구체적인 게임 룰을 협상해야 하고, 때로는 상대에게 줄 보상도 마련해야 한다. 그리고 정해진 게임 룰에 따라 상대를 이겨야 한다. 이 모든 미션을 성공해야 후보단일화 게임의 승자가 된다. 각각의 과정마다 판이 깨질 가능성이 있고,

끝내는 이 게임의 패자가 될 우려도 있다. 이 모든 과정이 후보 단일화 게임이다.

정당민주주의는 모든 정당은 자신들이 출마시킨 후보로 평가받고, 국민은 자신이 원하는 정당을 지지하는 것을 기본 원칙으로 한다. 그런데 후보단일화는 인위적으로 어떤 정당의 후보를 주저앉힌다. 또 해당 정당의 지지자들이 어쩔 수 없이 다른 선택을 하도록 강요한다. 후보단일화는 법적 절차도, 민주적 정당성도 없다. 후보단일화라고 하면 암막 뒤에서의 치열한 수싸움과 지저분한 거래만 떠오른다. 그런 점에서 후보단일화는 정당민주주의의 일반적인 상황에서 매우 이례적인 일이고, 그다지 권장되어서도 안 될 것이다.

정당 민주주의에서 유권자는 정해진 메뉴 중에 식사를 선택해야 하는 대중식당의 손님과 같다. 장기적 관점에선 손님의 선택으로 맛없는 메뉴를 퇴출시킬 수도 있고, 새로 유행하는 음식을 메뉴에 넣을 수도 있다. 하지만 투표의 그 순간만큼은 그 식당 메뉴 중에서 오늘의 식사를 선택할 수밖에 없다. 그러므로 후보단일화는 롯데리아가 갑자기 라이스버거의 판매를 중단한 것보다 훨씬 심각하고 중요할 것이다. 내가 뽑을 수 있는 후보의 리스트가 어떻게 결정되는가는 유권자로서의 편익에 결정적인 영향을 주기 때문이다.

선거에서의 후보구도가 유권자의 선호를 얼마나 잘 반영하는가는 우리 민주주의가 장기적으로 건강하게 발전해나갈 수 있느냐를 결정한다. 후보들끼리의 협의로 후보구도가 바뀌어 유권자들이 차선 또는 차악의 후보밖에 뽑을 수 없다면 정치에 대한 실망과 불신도 차츰 커진다. 정당이 계속 유권자들의 선호를 반영하지 못한다면, 그 정당은 없어져야 한다. 후보단일화가 관례화되면 유권자의 뜻을 담아내지 못하는 정당들이 변하지 않고 버틸 수 있게 되기도 한다. 그런데도 이 후보단일화 게임은 왜 계속 나타날까?

후보단일화에 대한 기존의 분석은 후보의 신념, 전략, 절박함, 판단력 등 후보 개인의 캐릭터에 초점을 맞춰 서술했다. 1987년에 김영삼, 김대중이 서로 대통령이 되고 싶은 욕심에 단일화를 못 했다거나, 2002년 단일화를 이룬 노무현은 승부사 기질이 있다거나 하는 식이다. 그런데 김대중은 대통령이 되고 싶어서 후보단일화를 안 했는데, 똑같이 대통령이 되고 싶었던 노무현은 왜 후보단일화를 했을까?

간혹 지역주의 등 구조적 요인으로부터 후보단일화 성사의 인과를 찾는 분석도 있다. 1987년 선거에서는 지역주의 때문에 후보단일화가 안 됐다, 1997년 DJP연대는 지역주의에 기반한 호남–충청 연대였다하는 식의 분석이다. 이러한 분석은 각각의 선거에 대해서는 설명이 된다. 그런데 왜 1987년에는 단일화의 걸림돌이었던 지역주의가 1997년에는 후보단일화의 디딤돌이 되는 것일까?

하나의 전제를 공유하면서 이야기를 시작해보자. "모든 후보의 목적은 당선이다". 미국 정치학자 데이비드 메이휴는 미국 연방의회를 연구하면서 의원들이 재선 이외에는 다른 어떤 것에도 관심을 갖지 않는 것으로 가정하여 연구해야 한다고 주장한다. 또 현대 정치에서 '직업으로서의 의원'이 보편적이며, 의원직은 좋은 직업이기 때문에 의원들은 이를 유지하려고 한다고 주장한다.

특히 최소한 본인이 후보를 사퇴해야 할 위험까지 무릅쓰고 후보단일화에 참여할 때 후보들이 당선 외의 목적을 가진다고 보기 어렵다. 특히 한국의 대선은 기탁금을 3억 원이나 내야 하는 등 출마 자체의 장벽이 높기 때문에 객관적으로 가능성이 높든 낮든 당선에 뜻이 있지 않고서야 출마하기가 어렵다. 그러므로 한국 대선에서의 후보단일화를 논의하는 이 책에서는 모든 후보들이 '당선'만을 위해 선거에 임한다고 전제할 것이다.

그러므로 노무현과 정몽준이 민주 세력의 승리를 위해 단일화에 나섰다거나, 김대중과 김종필이 망국적 지역주의를 극복하기 위해서 힘을 합쳤다는 설명은 하지 않을 것이다. 민주개혁 세력의 승리를 위해서 1987년에 김영삼과 김대중이, 2007년에 정동영과 문국현이 단일화 했어야 한다는 등의 이념적 당위에 따른 평가도 이 책에서는 지양할 것이다.

'후보단일화'라는 렌즈를 통해 직선제 개헌 후 첫 선거를 치른 1987년부터 2017년 대선까지, 후보단일화가 어떻게 이루어지고 또 실패하는지를 분석할 것이다.

각 장의 부록에는 하나의 게임으로서 '후보단일화 게임'을 이해할 수 있는 규칙들을 이론적으로 설명하려고 한다. 각 후보단일화 사건들을 더 보편적이고 풍부한 맥락에서 이해했으면 하는 바람으로 이런 배치를 결정했다. 1987년부터 2017년까지 후보단일화 역사를 이야기 책처럼 쭉 읽은 후, 부록들을 읽는 것도 하나의 방법이다.

프랑스 정치학자 모리스 뒤베르제는 "소선거구제하의 단순다수대표제는 양당 체제를 낳는다"라 주장했다. 이 주장은 '뒤베르제의 법칙'이라 불리며, 정치학에서 몇 안 되는 확실한 명제로 여겨진다. 한국의 대통령 선거는 전형적인 소선거구제 단순다득표제 선거다. 한 선거구에서 한 명을 뽑고, 결선 투표 없이 첫판에 한 표라도 더 받으면 이긴다는 뜻이다. 그럼에도 불구하고 후보 세 명 이상인 다자구도가 형성된다. 그리고 후보단일화는 이러한 다자구도를 인위적으로 양자구도로 재편하는 역할을 한다. 2016년 미국 대선에서 트럼프와 샌더스 좌우 양쪽에서 새로운 정치에 대한 욕구가 등장했지만, 결국 어떻게든 민주당, 공화당 양당 체제로 흡수되는 것과 비교해보면 한국의 사례는 매우 특이하다.

20대 대통령 선거가 다가오는 2021년 여름, 이 글을 쓰고 있다. 이번에도 한 번 더 믿어달라는 기존 정치 세력들의 호소와 이제는 그만 속으라는 새로운 후보군의 유혹 속에서 진행될 모양이다. 특히 이번 대선은 후보가 역대 선거 중 가장 많다고 한다. 그래도 우리 유권자들은 그중 제일 나은 후보를 고르고, 가장 많은 국민을 묶어낼 수 있는 후보를 뽑아낼 것이다. 그런 유권자들의 노력에 작은 길잡이가 되는 책이길 바란다.

차례

1987년

김대중
김영삼

1

왜 민주 진영은
후보단일화에 실패했나

6·10 민주항쟁을 통한 직선제 개헌과 뒤이은 노동자 대투쟁까지, 1987년 정국은 이제야말로 새로운 시대를 열어야 한다는 열망으로 가득했다. 이러한 투쟁들은 연말 대선에서 민주정부를 수립해야 한다는 염원으로 모여들었다. 김영삼과 김대중이라는 두 민주화운동의 거목은 민주정부 시대를 열 기수로 보였다.

하지만 대선 결과는 우리 모두 알다시피 군부독재 세력의 2인자인 노태우의 당선이었다. 김영삼, 김대중의 단일화 실패와 노태우의 당선은 민주주의에 대한 국민적 열망에 찬물을 끼얹은 것이었다. 1987년 단일화 실패는 아직도 한국 민주주의의 잘못 끼운 역사적 우행으로 평가받기도 한다.

민주정부의 수립을 위해 평생을 바쳤던 '양김(김영삼·김대중)'은 왜 이런 선택을 하게 됐을까?

단일화를 둘러싼
동상이몽

1987년 대선은 6·10 민주항쟁을 통해 쟁취한 첫 직선제 선거였으므로 여당보다 야당 후보를 뽑겠다는 유권자들이 더 많았다. 당선 가능성이 높아지는 만큼 김영삼, 김대중 양 후보의 진영에서는 출마를 놓고 신경전을 벌이기 시작했다. 두 후보는 1980년 '서울의 봄' 때에도 대통령 후보직을 놓고 분열한 바 있다. 그렇기 때문에 전두환 정권이 직선제 개헌을 포함한 6·29 민주화선언을 한 직후부터 김영삼과 김대중의 후보단일화는 세간의 관심이었다. 김영삼의 회고다.

> 1987년 7월 3일 아침, 나는 상도동 집에서 기자들과 만나 시국에 관한 입장을 밝혔다… 나는 대통령 후보 문제에 대해, "많은 사람들이 대통령 후보 문제에 지나친 관심을 보이고 있는데, 김대중 의장과 나는 민주화 이후까지도 협력해 나가기로 분명히 약속했다. 절대로 표 대결은 안 할 것이고, 1980년처럼 국민에게 걱정을 끼치는 일은 결코 없을 것이다. 민주화만 되면 더 이상 바랄 것이 없고, 우리 국민에게 자유와 민주주의를 되돌려주는 게 최고의 소망일 뿐"이라고 내 입장을

밝혔다.[1]

두 후보 역시도 이러한 여론을 잘 알고 있었기 때문에 후보단일화의 뜻을 분명히 밝혔다. 그러면서도 두 후보는 양보의사가 있는지 묻는 질문에는 확답을 피했다. 사면복권되면서 정치를 재개한 김대중이 김영삼이 총재로 있는 통일민주당에 입당하면서 후보단일화 전망은 점차 밝아지는 듯했다.

그러나 두 후보는 모두 자신이 단일 후보로 선출될 수 있는 유리한 방식으로 협상을 진행하려고 했다. 일단 '단일화 시기'에서 부딪혔다. 김대중은 전두환 정권하에서 정치 활동에 제약이 있었다. 반면 김영삼은 야당 총재로 활발히 정치 활동을 하며 통일민주당 내 세력을 견고히 다져왔다. 김영삼은 당내의 기득권을 바탕으로 조기 경선을 주장했다. 반면, 김대중에게는 당 밖의 지지자들을 당내 세력으로 만들 시간이 필요했다. 김영삼의 회고에서 둘의 입장 차이를 확인할 수 있다.

(1987년) 9월 14일 상오,* 나는 후보단일화 문제를 논의하기 위해 만났다. 한 시간가량 얘기했지만 결론이 나지 않았다. 그

* 낮 12시.

는 뚜렷한 대답을 하지 않았다. 두 사람은 이 날 회동이 끝난 뒤 기자들의 질문에 각기 대답했다.

후보단일화 시기에 대해.

나   지금 국민의 관심은 후보단일화에 있다. 9월 말 이전에는 매듭을 지어야 하며 결코 빠른 게 아니다. 김 고문도 반대하는 의사표명은 없었다.

김대중   단일화를 하기만 하면 되는 것이지, 빨리 하는 것은 현재 바람직하지 않다. 지금은 야당 붐을 일으켜 정국의 주도권을 잡고 확고하게 민주화 방향으로 가도록 하는 게 좋다. 후보는 늦게 결정하는 게 선거 전략상 이로움이 많다.[2]

대의원 선발을 포함한 경선 및 경쟁 방식에 대해서도 이견을 보였다. 김영삼은 당내 패권을 유지하면서 후보단일화를 진행하려고 했고, 김대중은 당내 권력구도를 크게 바꾸지 않는 이상 후보단일화를 이기기 어렵다고 보았다. 김대중은 현재 지역위원회와 같은 '지구당'을 36개 새로 만들고, 대의원을 획기적으로 늘려야 한다고 주장했다. 그러나 김영삼은 후보단일화 경선을 우선 치러야 한다고 주장했다.

36개 지구당 창당 문제는 어떻게 됐나?

나   언제든지 해도 좋으나 후보단일화를 이룬 뒤 하는 게 바람직하다.

김대중   당헌·당규대로 대의원을 지금의 700여 명에서 1,600여 명으로 늘려야 한다.[3]

경선 방식에 대한 이견 자체는 당연한 것이다. 모든 협상과 마찬가지로 후보단일화 협상 역시 자신의 효용을 높이기 위해 밀고 당기는 과정이 있기 마련이다. 그러니 이견이 있다고 해서 협상이 꼭 깨지는 건 아니다. 협상에 임하는 양측이 협상을 이루려는 의지가 강하면, 다시 말해 경선에서 떨어질 위험을 감수하더라도 단일화를 꼭 해야 한다고 판단한다면 경선 룰은 적절한 지점에서 타협할 수 있다. 이견이 크더라도 어떻게든 단일화가 '되는 방향'으로 협상이 진행되는 것이다.

가령 당원 대상 투표에서 유리한 김영삼과 일반 대중 투표에서 유리한 김대중의 요구를 적절히 수용해 당원과 일반인 경선 투표인단을 조정할 수도 있다. 단일화 시기 또한 두 후보가 주장하는 시기 중간에 적절한 지점에서 타협할 수 있었을 것이다. 그러나 두 후보의 협상은 '되는 방향'으로 진행되지 않았고, 실질적인 협상 테이블도 제대로 마련되지 못했다.

1987년 9월 29일 김영삼과 김대중은 남산의 양식당 '외교구락부'에서 만나 후보단일화 담판을 벌였다. 이 자리에서 김영삼은 자신에게 후보를 양보하라고 여러 이유를 들어서 설득했으나 김대중의 출마 의사는 확고했다. 이어 민주당의 당권을 좌지우지할 수 있는 미창당지구당 조직책 임명권 역시도 수용하지 않았다. 지구당은 가장 기초가 되는 시군구별 정당조직인데, 자기 사람을 조직책으로 두면 해당 지역 경선에서 훨씬 유리한 위치에 설 수 있었다. 김대중은 아직 만들어지지 않은 지구당에 대해 자기 사람을 조직책으로 임명할 수 있게 해달라고 했지만, 김영삼이 이를 거절한 것이다. 김대중의 회고다.

> 9월 29일 외교구락부에서 김영삼 씨와 두 시간 동안 만났다. 후보단일화를 위한 마지막 담판이었다. 나는 상상을 초월한 국민적 지지와 출마 요구를 확인한 이상 국민 여망을 거절하기 어렵다고 생각하니 김 총재가 이번에는 양보를 했으면 좋겠다고 간곡하게 설득했다. 그러자 김 총재는 다시 비토그룹 얘기*를 꺼냈다…

* 군부가 김대중을 빨갱이라고 비토하고 있어 김대중이 대통령이 되면 군부가 들고 일어날 것이란 김영삼 측의 주장.

그러자 김 총재는 다시 내가 출마하면 경상도와 전라도의 첨
예한 지역 대결을 초래할 수 있다고 했다…

그러나 우리는 끝내 합의에 이르지 못했다. 결국 후보단일화
협상은 결렬되었다. 얼마 후 김영삼 씨 측은 내가 요구한 미창
당 조직책 임명권을 수용하겠다고 발표했지만 이는 선거 일
정상 너무 늦은 시점이었다.[4]

김영삼은 제1야당의 총재로서 '민주당 중심'의 선거를 강
조했다. 김영삼의 주변에서는 "김 총재와 나란히 출마해 노태
우, 김종필과 함께 4파전을 벌이는 것이 유리하다고 계산하는
측이 있다면 그쪽이 깨끗이 당을 떠나야 할 것이 아니냐"는
맥락의 발언이 이어져 나왔다.

김대중은 김영삼이 당권을 쥐고 있는 한 민주당 후보로
출마하는 것이 사실상 불가능해졌다. 김대중은 출마를 포기
하고 민주당에 남거나, 탈당하고 출마해야 하는 상황이 되었
다. 탈당과 신당 창당은 후보단일화를 포기하는 것이었다. 그
렇게 되면 민주화 세력 분열에 대한 책임을 김대중이 전적으
로 질 수도 있었다. 독자적으로 출마해도 당선될 수 있다는 확
신이 없다면 이도저도 아닌 상황이 될지도 몰랐다.

결국 둘 다
출마 선언을 하고

후보단일화 협상이 지지부진 하던 1987년 10월 10일, 김영삼이 먼저 공식적으로 출마를 선언했다. 김영삼은 출마를 위해 세를 모으고 있는 김대중을 비판하며 다시 한번 출마 포기를 요구했다. 김영삼은 먼저 출마 선언을 함으로써 김대중과의 조기 경선을 유도해 김대중을 주저앉히려는 계산이 있었던 것으로 보인다. 아래 인용에서 보듯이, 당시 과반수의 지구당을 장악하고 있던 김영삼은 최악의 경우 이 수만으로도 전당대회를 합법적으로 치를 수 있다고 계산했다.[5]

> 기자들과의 일문일답˙에서 나는 "야당 총재로서 나의 후보 출마 선언은 순리이며 역사와 국민에 대한 의무라고 생각해서 결정했다"라고 밝히고, "선거가 60여 일밖에 남지 않은 상황에서 더 이상 허송할 시간이 없다"고 말했다. 김대중에 대해 나는 "김 고문이 당사黨舍 입주식에서 '우리는 경쟁하지 않을 것이다'라고 말한 것을 기억해야 한다"고 상기시키고,

˙ 10월 10일 출마 선언 후.

단일화를 두 사람이 협의해서 결정한다고 약속해놓고는 국민 지지 운운하는 것은 말이 안 된다고 지적했다. 그러나 단일화 노력은 계속할 것이라고 분명히 밝혀두었다.[6]

그러나 이 시기 김대중의 마음은 이미 신당 창당과 독자 출마로 기울어 있었던 것으로 보인다. 김대중은 김영삼의 출마 선언에 대해 "김 총재의 애국심이나 일관된 투쟁경력 등으로 볼 때 출마를 선언할 충분한 자격이 있다고 보며 그의 앞날에 축복과 영광이 있기를 바란다. 나의 김 총재에 대한 존경과 신뢰와 우정에는 변함이 없다"라고 호의적인 반응을 보였다.

김대중은 김영삼의 출마 선언 바로 다음날인 10월 11일 출마 선언을 하고, 본격적인 신당 창당 작업에 들어갔다. 김대중의 신당 창당이 초읽기에 들어간 10월 22일 김영삼은 김대중에게 마지막 카드로 당내 경선을 제안한다. 김대중이 창당 후 독자 출마를 강행하면 김영삼의 당선 가능성이 크게 줄어들기 때문이다. 과반의 지구당 위원장을 자기 사람으로 채운 김영삼의 입장에서 당내 경선은 충분히 승산이 있었다.

그러나 김대중의 입장에선 당내 권력을 확보하지 못한 상태에서 당내 경선은 절대적으로 불리한 싸움이었다. 게다가 김영삼은 김대중이 요청한 미창당지구당 조직책 임명권한 또한 수용하지 않았다. 김영삼은 아래 인용과 같이 민주당 내 경선에서 김영삼과 김대중이 대통령 후보가 될 확률은 반반이라고 주장했지만, 사실상 당내 경선은 김영삼에게 더 유리한 방식이었다.

> 민주당이 경선을 공정하게 그리고 짧은 시일 내에 치를 수 있는 여건은 충분했다. 애당초 신민당과 통일민주당의 모태가 되었던 민추협民推協[•]은 상도동과 동교동 측의 배분이 절반씩 똑같았으며, 통일민주당도 창당할 때부터 나와 김대중의 지분이 50 대 50으로 되어 있어 팽팽한 세력 균형 상태였다. 미창당지구당은 기술적으로 문제될 것이 없었다. 서로의 세력은 팽팽하지만, 두 사람이 공정한 경선을 합의한다면 불상사 없이 대회를 치를 수 있었다.[7]

10월 22일 이뤄진 김영삼의 경선 제안에 대해 김대중은 측근들과 상의하겠다며 즉답을 피했다. 김대중은 돌아가 다시 한번 경선을 통해 김영삼을 이길 가능성을 따져보았을 것이다. 그러나 김영삼이 이미 오랜 시간 당내 권력을 다져온 이

[•] 민주화추진협의회. 1980년대 초반 신군부 정권에 의해 제도권 정치에서 배제된 김영삼, 김대중이 결집해 만든 정치결사체로, 향후 신민당의 토대가 된다.

상 당내 경선은 사실상 출마 포기와 같았다. 결국 김대중은 김영삼의 경선 요구에 대해 탈당으로 응답했다.

김대중의
신당 창당과 독자 출마

김영삼이 통일민주당 후보로 나가겠다는 뜻을 꺾지 않고, 당내 역학구도상 김영삼과 경쟁해 통일민주당의 대선 후보가 될 수 없다면 김대중의 선택지는 두 가지다. 첫번째 선택지는 김영삼에게 후보를 양보하는 것이다. 그리고 그 보상으로 당내에서 일정한 권리를 요구할 수 있다. 김영삼은 김대중에게 통일민주당에 남아서 후보를 양보할 경우, 이후 당권을 주겠다고 약속했다. 김대중이 통일민주당의 당대표가 되면 1988년 총선에서 상당한 영향력을 발휘해 자신의 정치적 영향력을 강화하고 차기 대선을 노릴 수도 있었다.

두번째 선택지는 탈당과 신당 창당을 통해 독자 출마를 강행하는 것이다. 이 경우 이미 출마가 확정된 노태우, 김영삼과 함께 3파전을 치러야 한다. 그리고 노태우가 당선될 경우 민주화 세력의 분열에 대한 책임을 져야 했다. 김대중 개인으로서나 민주화 세력 전체로나 매우 위험한 선택이었다. 그런데 김대중은 평화민주당을 창당해 대통령 선거에 출마했고 1987년 대통령 선거는 3파전으로 치러졌다.

김대중의 낙관적 예상은 두 가지 근거가 있었다. 첫째는 '사자필승론四者必勝論'이고, 둘째는 '사표방지심리'로 실질적으로 야권의 한 후보로 표가 집결될 것이란 점이었다.

사자필승론은 노태우, 김영삼, 김대중, 김종필이 모두 출마해 각각 자신의 지역인 경북, 경남, 호남, 충청표를 나눠가지면 수도권에서 지지율이 가장 높은 김대중이 당선된다는 논리다. 이는 지역주의에 기반을 둔 논리이기 때문에, 지역주의를 없애야 한다고 주장한 김대중 진영에서 공식적으로 사자필승론을 주장하지는 않았다. 그러나 김대중 측근인 동교동계는 이를 여러 차례 언급했고, 비공식적인 여론전에 많이 이용하였다. 김대중은 1971년 대통령 선거에서의 높은 지지율을 기억하고 있었고, 민주화의 열기를 보았을 때 수도권에서는 자신이 앞설 것이라고 생각한 것이다.

또한 김대중은 사자필승론에 입각해 자신이 김영삼보다 앞서 나가면, 결국 막판에는 민주정부를 원하는 유권자들이 자신에게 표를 몰아줄 것이라고 생각했다. 이러한 사표방지심리로 인해 실질적인 후보단일화 효과를 얻을 수도 있고, 실제로 막판에 김영삼에게 양보를 요구할 수도 있다는 계산이었다. 김대중은 1987년 10월 30일에 진행된 관훈클럽 초청토론에서 다음과 같이 밝힌다.

사회자 만일 이번 선거에서 낙선한다면 가장 큰 이유가 야당 후보가 단일화되지 못해서라고 생각하겠습니까? 또 낙선한다면 다음 선거에 다시 도전하시겠습니까?

김대중 낙선한다는 것은 생각 안 해보았기 때문에 거기에 대해서는 답변 준비가 없는데요(웃음). 나는 선거 전망에 대해 이렇습니다. 우리의 과거 투표 성향으로 봐서 표가 산표되지는 않는다, 결국 국민은 여·야거나 야당의 두 후보거나 여기에 표를 집중하지 산표하지는 않는다고 봅니다. 그것은 지금까지 대통령 선거의 성향이 일관해서 그렇습니다. 예를 들면 1971년 제가 박정희 대통령하고 같이 나왔을 때 공명선거 여부는 별도로 하고, 어쨌거나 박정희 대통령과 제가 얻은 표가 합쳐서 99%입니다. 나머지 박기출 씨 이하 3명이 얻은 표는 1%도 안 됩니다. 이번에도 국민의 힘에 의해서, 압력에 의해서, 필요하면 양당의 힘을 단일화시킬 것이고… 예를 들면 1963년에 윤보선·허정 두 분의 경우 같이 할 것이고 또 야당 후보 두 사람에게 표를 집중시켜 그것으로 결정할 것이다 …

사회자　　떨어지는 것은 전혀 생각해본 적 없다고 말했는데, 나는 떨어질 수도 있다는 측면에서 생각해보겠습니다. 이번 단일화에 실패했습니다. 만약 단일화가 가능하면 땅 짚고 헤엄치기다, 이렇게 국민 대부분은 생각했습니다. 그러나 이제 당이 깨지고 단일화가 안 되었기 때문에 모처럼 민주화의 기회, 또 군정종식이란 기회가 결국 무산되는 것 아니냐? 그래서 거기에 대한 책임도 결국 김영삼, 김대중 두 분이 져야 한다, 두 분은 차기에 대통령으로 재출마하는 것은 아예 생각도 마시고 영원히 이 정치판에서 물러나야 한다, 그런 여론까지 있다는 것을 알아주기 바랍니다. 이런 여론에 대해선 어떻게 생각하십니까?

김대중　　… 나는 물론 내가 당선되리라고 확실히 믿고 있습니다. 그것은 앞으로 여러분이 선거 양상을 보면 압니다. 절대 이건 허세로 말하는 것은 아닙니다. 그렇지만 가정해서 김영삼 총재나 나나 둘 다 떨어지고 군사 정권에서 나온 사람이 당선될 경우가 있다 할 때는, 국민도 그것을 그냥두지 않고 "두 사람 중에 하나를 단일화시켜라"라고 했지만, 우리 자신도 그런 것이 확실할 때는 결단을 해야 된다, 이렇게 확실히 마음에 결심하고 있습니다. 그러니까 너무 성급하게 속단할 것이 아니라 앞으로 사태 추이를 좀 더 주시할 필요가 있습니다.[8]

재미있는 것은 김영삼 역시도 막판 표 쏠림 현상을 예상하고 있었다는 점이다. 김영삼은 1987년 11월 6일 진행된 관훈클럽 초청토론에서 다음과 같이 말했다.

사회자　　첫번째 질문은 선거의 막바지에서 대통령의 당선 가능성이 만에 하나라도 여당 후보로 기운다면 김 총재는 국민을 위해 대통령 후보를 사퇴할 용의가 있으십니까 하는 겁니다.

김영삼　　단일화에 대해서 제가 크게 관심을 갖고 있습니다. 그 노력을 계속할 겁니다. 그러나 우리 국민들은 선택을 하는 데 참 현명합니다. 제가 많은 선거를 해봤고 남의 선거도 도왔습니다. 아마 우리나라에서 선거에 제일 많이 참여하고 관여한 사람이 저라고 생각합니다. 그런데 이 선거는 막바지 가면 표가 완전히 몰립니다. 저는 노태우 씨한테 몰릴 가능성은 절대 없다고 봅니다. 우리 국민은 모두가 이대로는 안 된다고 생각하고 있습니다. 군정은 반드시 종식시켜야 한다고 생각하고 있습니다. 그럼 종식시키기 위해서 표가 어디로 모여야 되느냐는 것은 아마 결심하고 있다고 생각합니다. 또 오늘도 내일도 하루하루 시간이 가면서 나는 달라진다고 봅니다. 그렇기 때문에 이 문제는 우리 국민의 힘에 의해서 이

룩될 것이다, 이렇게 믿습니다.⁹

두 후보 모두 민주화의 열기 속에서 국민들이 당선 가능한 민주 후보에게 표를 몰아줄 것이라고 보았다. 그런 계산을 염두에 두면, 김대중의 입장에서는 불리한 당내 경선을 통해 김영삼에게 밀리는 것보다는 독자 후보로 출마해 일단 선거 막판까지 진행해보는 것이 나은 선택이었다.

그런데 선거 막판에 다다라서도 두 후보의 지지율이 비등했다. 선거 직전인 1987년 12월 12~14일에 진행된 한국갤럽 여론조사에 따르면, 노태우가 34.4%, 김영삼이 28.7%, 김대중이 28.0%의 지지를 받는 것으로 나타나 노태우가 앞서가는 가운데, 여전히 두 야당 후보에게 비등하게 지지가 분산되고 있었다. 1987년 대통령 선거에서는 여론조사 기술이 부족했기 때문에 각 여론조사마다 결과가 상이했지만, 어느 조사에서도 김대중의 압도적 우위를 예상하는 결과는 없었다.

선거 예상은 전체적으로 오리무중이었다. 두 후보의 단일화를 요구하는 여론은 점차 커져갔지만, 어느 쪽도 양보하지 않았다. 두 후보는 상대보다 조금만 앞서가면 민주화 세력의 몰표를 가져올 수 있다고 믿었으나 둘의 지지율은 너무 비등했다.

선거 막판에
다시 후보단일화 논의

선거가 막바지에 이르렀지만 어느 쪽도 확실한 승기를 잡지 못했다. 두 사람뿐 아니라 민주정부 수립을 염원하던 세력 전체가 애가 탈 노릇이었다. '독자적 민중 후보' 백기완이 김영삼, 김대중의 단일화를 위해 사퇴할 의사를 보였다. 1987년 12월 9일 무소속 백기완 측과 서울민통련 등 13개 재야·학생 단체 대표단은 후보단일화를 위해 김영삼, 김대중, 백기완, 재야 대표가 참석하는 4자 비상정치협상을 제안했다. 그러나 이 제안은 김대중 측의 거절로 무산되었다.

왜 김대중은 밀리고 있는 와중에서도 후보단일화를 거부했을까? 김대중은 여전히 독자적으로도 이길 가능성이 있다고 보았다. 선거운동으로 지지율을 더 올릴 수 있다고 기대한 것이다. 선거 막판에 김대중 진영에서는 다시 한번 김영삼에게 단일화를 요구할지에 관한 논의가 있었다. 이 논의를 따라가다보면 왜 김대중이 막판 후보단일화를 거절했는지를 유추할 수 있다.

14일* 밤 DJ진영 참모들은 또 하나의 극적인 단일 후보 카드를 만들고 있었다. 12월 들어 DJ진영도 여의도 보라매공원집회 성공에도 불구, 각종 여론조사 자료를 검토해보면 승리를 장담할 수 없어 고심했다… YS진영에 대한 지지도도 당선권이라고 볼 수 없었다. 게다가 민정당 측의 투·개표 부정획책 정보가 끊임없이 동교동으로 들어왔다. 뭔가 대역전 드라마를 연출해야 한다… '극적인 구상'을 김대중 후보에게도 어느 정도 설명했다. 김 후보는 "회의 결과 만장일치라면 내용이 어떤 것이든 존중하겠다"는 입장을 밝혔다.

김 특보의 뒤집기 시나리오는 이런 것이었다. 우선 YS와 이날 밤 당장 협상을 시작한다. 우선 YS를 대통령 후보로 밀고 DJ는 사퇴하되 당권과 총리 이하 임명 권한은 DJ가 행사한다. 더불어 노 후보가 1년 이내 중간평가 공약을 한 것처럼 이번에 일단 노를 제치고 1년 안에 3김 씨가 다시 심판을 받기로 하자. 만일 YS진영에서 대권 하나 때문에 여타 조건이 너무 불리하다고 주장한다면 그 역을 수락토록 요구하자. 말하자면 DJ에게 대권을 양보하고 YS가 사퇴하면 당권 임명권을 넘겨주고 1년 안에 재심판도 보장한다는 것이 김 특보의 아이디어였다.[10]

* 1987년 12월 14일.

김대중 진영 김경재 특보의 제안은 두 후보가 당선의 효용을 동등하게 나누는 방식이었다. 김대중의 입장에서 어느 쪽을 수용해도 상관없다는 것은 두 후보의 권한 분할이 완전히 같지는 않지만 사실상 당선의 효용을 이분한 것과 같다.

막판 제안 카드를 만지작거리면서 김대중 측은 어떤 판단을 했을까? 김대중의 입장에서는, 김영삼을 지지하는 유권자들이 김영삼과 같은 영남 후보인 노태우를 지지하는 경우도 고려해야 했다. 따라서 김영삼을 주저앉힌다 하더라도 김대중이 100% 당선된다는 보장도 없었다.

김대중 진영에서는 김영삼에게 막판 단일화 제안을 할지 여부를 두고 심각한 논쟁을 벌였다. 오랜 논의를 거쳤지만, 독자적으로 당선될 가능성이 작다는 공감대를 이루지 못했다. 결국 막판 후보단일화 제안을 하지 않는다.

문동환, 안병무 목사는 너무 엄청난 구상이었던지 시종 말없이 중립을 지켰다. 문익환 목사는 "일리 있는 주장"이라고 찬성을 표시했다. 그러나 이문영 교수가 적극 반대였다. "승리가 눈앞에 와 있는데 무슨 해괴한 소리냐"는 반응이었다.

여덟 명 가운데 김 특보와 이 교수의 논전으로 압축되고 있었다. 김 특보는 두 김 후보가 참패하는 경우 특히 DJ에게 돌아올 비난과 부담에 대해서도 역설하고, 우선 막판에 대세를 휩쓸어 승리를 쥐고 보아야 한다는 논리를 전개했다. 결과적으로 그는 대통령 선거 후 4·26 총선 이전까지의 DJ의 곤경을 꿰뚫어본 셈이었다. 그러나 2시간여 동안의 밀실회의는 결국 이 교수의 반대로 만장일치에 이르지 못했다. 뒤집기 전략은 불발로 끝났다.[11]

앞에서 인용한 『신동아』 기사는 낙선 이후 후보단일화 결렬을 역사적 우행이라는 관점에서 쓴 글이다. 하지만 이러한 낙관적 예상은 이문영 교수의 개인적인 판단은 아니었다. 김대중 측이 김영삼 측에 막판 단일화 제안을 하지 않은 것으로 볼 때 김대중 진영이 전반적으로 선거 결과에 대해 낙관하고 있었다는 것을 알 수 있다. 김대중 스스로도 1987년의 낙선이 예상 밖의 결과라고 회상하고 있다.

투표 사흘 전인 12월 13일 서울 대방동 보라매공원의 연설회는 잊을 수 없다… 모두 승리를 예감하는 분위기였다. 나 또한 압승을 의심치 않았다. 민주 세력은 물론이요 학생, 청년층, 직장인들이 나를 지지하고 있었다…
특히 나를 지지했던 사람들의 상실감이 너무나 컸다. 우리는 세상이 바뀔 줄 알았기에 졌다는 현실이 믿기지 않았다. 대한민국은 선거 후유증으로 무섭게 가라앉았다.[12]

개표 결과, 노태우의 승리였다. 노태우가 828만 표, 김영삼이 633만 표, 김대중이 611만 표로 집계되었다. 김대중의 낙관적 예상은 크게 빗나갔다. 김대중은 노태우, 김영삼에 이어 3등에 그치고 말았다. 민주화 세력이 한 후보에게 표를 몰아줄 것이라 기대했으나 김영삼, 김대중은 거의 비등하게 표를 나눠가졌다. 또한 김대중은 호남에서 압도적 지지를 받았으나, 1등을 할 것이라 예상했던 수도권에서도 3등에 그치고 말았다.

만약 개표 결과를 미리 정확하게 예측할 수 있었다면 김대중은 당연히 후보단일화를 더 적극적으로 추진했을 것이다. 김대중은 민주화의 뜨거운 열기 속에서 득표 예상을 오판한 것이다. 김영삼 측이 후보단일화에 대해 어떤 논의를 했는지는 구체적인 자료가 남아 있지 않다. 하지만 김영삼 역시도 회고록을 통해 독자적으로 나서도 당선이 가능하다고 확신하고 있었다고 말한다.[13]

김대중과 김영삼의 오판에는 1987년 대통령 선거의 몇 가지 상황이 그 이유로 작용했다.

첫째, 16년 만의 직선제 선거이자, 제5공화국 개헌 이후 첫 선거로 선거구도가 안정적이지 않았다. 지역주의와 더불어 안정이냐 개혁이냐의 균열구조가 혼재했다. 특히 김대중은 오랜 기간 정치 활동을 쉬었기 때문에 정확히 구도를 예상하기가 쉽지 않았다. 김영삼과 김대중은 민주화의 열기가 자신의 득표로 이어질 것이라 과신했다.

둘째, 직선제 개헌 이후 첫 선거였기 때문에 여론을 유추할 만한 기존 선거 데이터가 부족했고, 과학적 여론조사가 발달하지 않아 객관적으로 참고할 만한 자료가 많지 않았다. 1987년은 한국에서 과학적 여론조사가 막 도입되던 시점이었다. 여론조사 결과는 대체로 김대중의 낙선을 예상했지만, 김대중은 여론조사 결과를 신뢰하지 않았다.

셋째, KAL기 폭파 사건 등 예상하지 못한 돌발 변수를 고려하지 않았다. 선거일 17일 전인 11월 29일, 대한항공 비행기가 미얀마 근해에서 북한공작원에 의하여 공중폭파된 사건이 발생했다. 한반도의 불안함을 고조시켜 서울올림픽을 방해하기 위한 북한의 공작이었다. KAL기 폭파 사건은 빠른 속도로 반북 정국을 만들었다. 당시 전두환 정부는 KAL기 폭파 사건의 범인 김현희를 대선 전에 국내로 데려오기 위해 치열한 외교 협상을 벌였다. 이는 상대적으로 대북 포용적이었던 김대중의 득표에 악영향을 미쳤을 것으로 예상된다. 김영삼 역시도 회고록을 통해, KAL기 폭파 사건으로 유권자들의 불안심리가 자극되어 자신이 가장 큰 타격을 입었다고 밝히고 있다. 노태우가 군사 정권하에서 안보 논리에 젖어 살아온 국민들의 안정희구 심리를 최대한 활용하게 되었다는 것이다.[14] 이처럼 김영삼과 김대중은 돌발 변수로 인한 지지 이탈을 고려하지 않아 선거 결과를 낙관적으로 예상했을 수 있다.

김영삼과 김대중은 1987년 대통령 선거에서 후보단일화를 하지 않아도 상당한 수준의 당선 가능성이 있다고 예상하였다. 물론 이는 자신이 무조건 당선될 거라 믿었다거나, 후보단일화를 하면 더욱 당선 가능성이 높아지는 것을 예상하지 못했다는 것이 아니다. 그러나 특히 김대중의 입장에서 보면 상당 수준의 당선 가능성이 있는 상황에서 불리한 당내 경선을 감내하거나 후보를 양보할 필요가 없었다는 것이다.

후보단일화는 1987년 선거 내내 중요한 쟁점이었다. 김영삼과 김대중은 민주당 탈당 과정과 선거 직전, 두 차례의 중요한 후보단일화의 시점이 있었다. 그러나 두 후보 모두 두 시기에서 모두 독자 출마로도 상당한 당선 가능성이 있다고 판단했다. 그래서 김영삼은 유리한 단일화 방식을 포기하면서까지 단일화를 할 생각이 없었고, 김대중도 불리한 방식을 받아들

여 단일화를 할 필요를 느끼지 못했다. 아쉽게도 이는 오판이
었고, 문민정부의 수립은 5년 늦어지게 된다.

대등한 후보단일화

두 후보의 지지율 격차가 작은 경우

후보단일화는 크게 지지율이 낮거나 조직의 규모가 비슷한 후보들끼리 경선을 통해서 후보를 정하는 경우와 지지율이 낮거나 조직의 규모가 작은 후보가 지지율이 높거나 조직의 규모가 큰 후보에게 후보를 양보하는 경우 두 가지로 나뉜다. 전자를 '대등한 후보단일화', 후자를 '양보하는 후보단일화'라고 하자. 두 경우는 모두 후보단일화로 불리지만, 완전히 다른 룰을 갖는 게임이다.

대등한 후보단일화는 상대적으로 지지율이 비슷한 후보들 사이의 후보단일화이다. 1987년의 김영삼-김대중, 2002년 노무현-정몽준의 경우가 대표적이다. 단일화 경선에서 승리할 가능성을 결정하는 지지율과 조직은 두 후보가 비교적 대등하다고 볼 수 있다. 이 경우 상대에게 어떤 조건을 제시하든지 한 측이 후보를 양보하는 경우는 가정하기 어렵다. 둘 모두 경선 승리와 당선을 염두에 두고 게임에 참여한다.

후보단일화에 참여하는 두 후보가 단일화 경선에서 이길 가능성이 일단 반반이라고 해보자. 그렇다면 당선 가능성이 후보단일화 이후에 그 이전보다 대략 두 배 이상 상승한다면 후보들은 후보단일화에 참여할 것이다. 이후 상술하겠지만, '당선 가능성'과 '지지율'은 정비례하지 않는다. 후보들 간의 지지율이 박빙인 구간에서는 지지율이 조금만 올라도 당선 가능성은 크게 오른다. 대등한 후보단일화는 이렇게 당선 가능성이 치솟는 '박빙 구간'을 뛰어넘기 위한 후보들의 도박이다.

여기서는 후보단일화를 전후로 한 지지 이전이 중요한 변수가 된다. 후보단일화가 성사되고, 지지 이탈이나 기권이 많지 않다면 후보단일화를 통해 당선 가능성을 급등시킬 수 있다. 하지만 두 후보의 정치적 거리가 멀거나, 지지 이전이 어려운 경우라면 당선 가능성의 상승에 한계가 있다. 또 후보의 개인적 카리스마나 후원자 관계에 의한 지지자가 많을 경우 지지가 옮겨가지 않고 기권으로 이어질 수도 있다.

대등한 후보단일화에서는 두 후보 간 일정 정도 지지율이나 조직의 규모에 차이가 있더라도 단일화 승리 가능성이 양쪽 모두 비슷한 경향이 있다. 후보단일화와 같은 협상 게임에서는 한 후보에게만 너무 유리하면 협상이 결렬된다. 따라서 양 후보에게 모두 일정 정도 유리하도록 단일화 경선 방식을 두고 지난한 협상이 이어진다.

두 후보의 지지율이 박빙일 경우, 경선 방식에서 아주 작은 차이로도 승패가 뒤바뀔 수 있다. 그렇기 때문에 협상에 나선 두 후보는 작은 불리함도 감수할 여유가 없다. 치졸할 만큼 지난한 협상이 이뤄지고, 이 협상의 결과로 지지율이 낮거나 조직의 규모가 작은 측의 단일화 승리 가능성은 더욱 높아지고, 지지율이 높거나 조직의 규모가 큰 후보의 단일화 승리 가능성은 상대적으로 낮아진다. 결국 대등한 후보단일화의 경우 양 후보 모두 단일화 승리 가능성은 50%에 가깝다.

여론조사에서 A후보가 48%, B후보가 28%, C후보가 24%의 지지를 받는다고 가정해보자. 만약 지지율을 투명하게 반영해 B후보와 C후보 중 단일 후보를 정하는 경선을 하면 B후보가 단일화 후보가 될 가능성이 매우 크다. 당연히 B후보는 C후보에게 후보단일화를 하자고 강하게 밀어붙일 것이다.

C후보의 입장에서는 질 게 뻔한 후보단일화에 참여할 이유가 없다. C후보에게는 두 가지 선택지가 있다. 우선, 지지율

이 좀 더 오르고 조직이 갖춰지기를 기다리는 것이다. '선거운동 기대효과'를 고려하는 것이다. 다음으로, 자기에게 유리한 경선 방식으로 하자고 우기는 것이다. 이는 특히 투표일이 코앞으로 다가왔거나 구도가 굳어져서 선거운동으로 별로 달라질 게 없다고 판단되면 나오는 전략이다.

B후보의 입장에선 C후보가 경선 방식을 수정하라고 우겨도 딱히 거절할 방법이 없다. 대등한 후보단일화에서 두 후보는 서로에게 인질범인 동시에 인질이 된다. 두 후보는 최선을 다해 자신에게 유리한 방식으로 협상을 진행하면서도 동시에 상대방이 협상을 떠나지 않도록 해야 한다. 그렇기 때문에 무조건 자신에게 유리한 방식을 고수할 수도 없고, 협상 결과가 만족스럽지 않다고 해서 후보단일화 합의를 파기할 수도 없게 된다. 결국 두 후보 모두 후보단일화에 참여하기 위해서는 단일화 승리의 불확실성이 커질 수밖에 없다. 자세한 과정은 2002년 노무현-정몽준 단일화를 이야기하며 다시 설명할 것이다.

1992년과
1997년의

김대중

2

왜 정주영과는 후보단일화를
하지 않고 김종필과는 했나

김대중은 1987년의 패배 이후 두 번의 대선을 더 치르고서야 대통령이 된다. 1990년 3당 합당으로 한국 정치는 김영삼, 노태우, 김종필의 민자당과 김대중의 민주당으로 양당 체제를 이룰 듯이 보였다. 그러나 1992년 총선을 앞두고 현대그룹 정주영 회장이 정계에 진출하면서 유력 후보가 3명 이상인 구도가 되었다 1997년 대선에서도 여당인 민자당의 한 축이었던 김종필계가 탈당해 자유민주연합을 창당하면서 유력 후보군이 3명 이상인 구도가 재현되었다.

같은 3자구도였지만, 1992년의 김대중은 정주영과의 후보단일화를 선택하지 않았고, 1997년의 김대중은 김종필과의 연대를 통해 마침내 대통령이 된다. 김종필은 김대중을 사법살인하려 했던 박정희의 조카사위이자 최측근이다. 김대중이 정주영보다 김종필을 가깝게 생각했다고 보긴 어렵다.

그런데 왜 김대중은 정주영이 아닌, 김종필의 손을 잡은 것일까?

예상치 못한
3자구도

1987년 대선에서의 뼈아픈 패배 이후 김영삼과 김대중은 1992년 대선을 치열하게 준비했다. 그 결과 김영삼과 김대중으로 재편되지 않은 정치 세력은 거의 남아 있지 않았고, 1992년 대선이야말로 치열한 2파전이 될 것으로 보였다. 그런데 1990년 군부독재 세력까지 포괄한 김영삼의 3당 합당은 여러모로 충격적이었다. 당시 여당이었던 노태우의 민주정의당, 제2야당이었던 김영삼의 통일민주당, 제3야당이었던 김종필의 신민주공화당이 합당해 민주자유당(이하 민자당)을 출범한 것이다. 새로이 창당된 민자당은 국회 전체 의석 299석 중 218석을 차지하는 절대다수 정당이 되었다. 쉽게 말해 제1야당이었던 김대중의 평화민주당만 빼고 모두 한 정당이 된 것이다. 민자당은 1992년 대선을 앞두고 지역적으로는 비非호남, 이념적으로는 반공보수주의의 연합적 성격을 띠면서, 실질적으로 반反김대중의 후보단일화 효과를 가져왔다.

김대중의 평화민주당 역시 3당 합당에 대한 대응으로 재야 세력들을 적극적으로 포섭했다. 민주화 과정에서 김대중을 비판적으로 지지했던 많은 인물과 세력이 김대중의 깃발 아래 모여들었다. 일부의 민중 세력은 백기완을 후보로 내세워 독자적으로 대통령 선거를 치렀지만 기존 정치 세력에서 김영삼, 김대중이 포괄하지 못하는 범위가 거의 없었고 두 후보 외에는 대통령 후보로 나올 만한 이가 없었다.

그런데 다크호스는 예상치 못한 곳에서 등장했다. 당시 대한민국 최대 재벌이었던 현대그룹의 정주영 회장이 갑자기 정치에 나서겠다고 선언한 것이다. 정주영은 피란민 출신으로 빈손으로 시작해 현대그룹을 일군 전설적 인물이었다. 정주영은 본인의 인지도와 현대그룹의 막대한 조직력, 자본력을 동원해 무서운 속도로 정치권을 장악해가면서, 1992년 4월 총선을 불과 두 달 앞두고 통일국민당을 창당했다. 통일국민당은 총선에서 17.4%를 득표하며 성공적으로 정치권에 안착했다.

대선에서도 통일국민당 정주영에 대한 상당한 지지가 예상되었다. 정주영이 등장해 기존의 민자당 중심의 판을 뒤흔드는 것은 당시 정치적으로 고립된 김대중에게도 새로운 기회였다. 그러나 대선 기간 내내 김대중은 김영삼을 넘어서지 못했고 결국 또다시 낙선했다. 이렇게 불리한 선거였음에도 김대중은 정주영과 단일화 시도조차 하지 않았다.

1992년 4월 총선 결과를 보면 1992년 12월의 대통령 선거 결과를 대략 예상할 수 있다. [표1]을 보면 1992년 국회의원 선거에서 전국적으로 김영삼의 민자당은 38.5%, 김대중의 민주당은 29.2%, 정주영의 통일국민당은 17.4%를 득표했다. 이를 통해 예상해보면 1992년 대통령 선거에서 김영삼은 나머지 후보에 비해 확실히 우위에 있었다.

[표1] 1992년 국회의원 선거 지역별 투표 결과　　　　　　　　단위: %

		민자당	민주당	통일국민당	기타
수도권 및 강원	서울	34.8	37.2	19.1	8.9
	인천	34.3	30.7	20.4	14.6
	경기	37.7	31.3	19.8	11.2
	강원	38.8	11.7	31.9	17.6
충청	대전	27.6	25.5	21.3	25.6
	충북	44.6	23.8	21.6	10.0
	충남	43.4	20.1	16.0	20.5
호남	광주	9.1	76.4	3.9	10.6
	전북	31.8	55.0	4.8	8.4
	전남	25.2	61.6	5.0	8.2
경북	대구	46.9	11.8	28.6	12.7
	경북	49.0	6.8	17.7	26.5
경남	부산	51.9	19.4	10.2	18.5
	경남	45.6	8.7	20.4	25.3
		38.5	29.2	17.4	23.6

출처: 선거관리위원회.

하지만 과반 이상의 절대적인 우위는 아니었다. 2위, 3위인 김대중, 정주영의 지지율을 합치면 김영삼의 지지율을 크게 뛰어넘었다. 실제 대선 결과도 총선에서의 득표분포와 크게 다르지 않았다. 정주영은 1위 김영삼과 2위 김대중의 표차보다 2배 정도 득표했다. 산술적으로는 후보단일화가 일어날 수 있는 조건이었던 것이다.

물론 김대중과 정주영은 이념적으로나 역사적으로나 서로 거리가 먼 후보였다. 김대중은 박정희·전두환 군부독재에 정면으로 맞선 야당 지도자였지만, 정주영은 군부독재 정권과의 협력을 통해 사업을 키워온 재벌그룹의 총수였다. 둘 사이의 이러한 거리를 생각하면 연대하지 않은 것은 당연하다고도 볼 수 있다.

그러나 다른 사례를 보면 후보단일화는 상당히 거리가 먼 후보들끼리도 이뤄진다는 것을 볼 수 있다. 일단 김대중 스스로 바로 다음 선거인 1997년 대통령 선거에서 독재 세력의 한 축을 담당했던 김종필과 후보단일화를 했다. 그리고 2002년 선거에서는 김대중의 후계자인 노무현과 정주영의 아들인 정몽준이 후보단일화를 했다. 반면 민주화의 전선에 동지로 섰던 1987년의 김영삼과 김대중은 후보단일화에 실패했고, 범민주 세력으로 불리었던 2007년의 정동영과 문국현도 단일화에 실패했다. 그러니 후보단일화의 변수는 두 후보 간 이념적·역사적 거리감이 아니라 연대를 통해 각 후보가 얻을 수 있는 효용이다.

실제로 김대중은 정주영의 통일국민당과 힘을 합치고 싶어했다. 1992년 총선 이후 김대중은 정국의 주도권을 잡기 위해 정주영에게 적극적으로 손을 내밀었다. 1992년 총선에서 김영삼의 민자당은 전체 299석 중 149석을 차지하면서 과반 의석 확보에 실패했다. 1990년 3당 합당으로 218석의 거대정당이 되었던 것을 생각하면 참패였다. 김대중의 민주당은 97석을 차지하며 의석수를 크게 늘렸으나, 여전히 독자적으로 정국을 이끌 수는 없었다. 총선을 불과 두 달 앞두고 창당된 통일국민당은 31석을 차지하는 돌풍을 일으켰다. 이러한 상황에서 김대중은 정주영과 연대해 정국을 이끌고자 했다.

1992년 6월 25일 김대중은 국회에서 정주영과 양자 회담을 갖고 민자당의 독주를 견제하기 위해 민주당과 통일국민당의 공조 체제를 유지한다는 원칙에 합의했다.[1] 이후 1992년 대선에 이르는 시기까지 지방자치제 실시 등을 둘러싸고 민주당과 통일국민당의 공조 체제는 비교적 안정적으로 유지되었다.

또한 김대중은 3당 합당으로 정치적 '왕따'가 된 상황에서, 민주당을 넘어서는 '대화합의 정치'를 주창했다. 김대중은 1992년 11월 20일 인터뷰에서 "민주당이 집권하면 민자, 국민 두 당을 포함한 모든 정치권과 각계 각층으로부터 민주주의와 시장경제, 복지사회 건설에 헌신할 수 있는 인재를 모아 거국내각을 구성하겠다"고 공약했다.[2] 이어 12월 8일에는 거국내각의 구성과 관련하여 "민자, 국민 두 당이 거국내각에 협조하지 않는다면 두 당에서 사람을 데려와 다수당을 만들 자신이 있다"고 말하며, 집권 이후 거국내각 구성에 대한 강한 의지를 피력했다.[3]

이처럼 1992년 3월 총선 이후 12월 대선에 이르는 시기까지 김대중은 지지기반이 다른 정주영과 협조적인 관계로 지냈으며 당선 이후 통일국민당을 포함하는 내각을 꾸리고자 하였다. 이는 김대중이 국민당과의 공조 없이는 원내에서도 정국을 이끌 수 없으며, 통일국민당 지지자들의 지지를 얻지 않고서는 대선에서도 이길 수 없다고 생각한 것으로 볼 수 있다. 진보적 성향의 김대중이 재벌 정당인 통일국민당과 가깝게 지낸 것에 대해 기존의 지지자들이 실망할 수도 있었지만, 김대중은 1992년 대통령 선거에서 자신에게 적대적이었던 재벌, 군부 등 보수 세력과 각을 세우기보다는 이들을 포용하고 나아가 거국내각을 구성하는 화합형 대통령으로서의 모습을 강조했다.

　1992년 대통령 선거에서 2위, 3위였던 김대중, 정주영의 지지율을 합치면 수위인 김영삼의 지지율보다 높았다. 이는 김대중이 차이에도 불구하고 통일국민당과 손을 잡을 수 있고, 더 나아가 통일국민당과 연합할 필요성이 있었음을 보여준다. 그러나 김대중, 정주영 두 후보 간 단일화는 선거 국면에서 전혀 언급되지 않았다.

김영삼의 표를 나눠먹는
정주영

정주영의 출마는 김대중보다 김영삼에게 더 불리했다. 정주영은 김영삼과 마찬가지로 비호남 지역에서 주로 지지를 받았다. 김대중이 정주영과 후보단일화를 할 경우, 정주영을 지지하던 유권자들은 김대중보다는 김영삼을 지지할 가능성이 크다고 예상할 수 있었다.

　1992년 대통령 선거에서 가장 주된 정치적 균열은 지역주의였다. 1992년 총선 결과를 보면 호남 지역에서는 통일국민당에 대한 지지율이 3~5%로 매우 적었다. 반면 김영삼의 지지가 높은 영남 지역에서는 통일국민당 역시 두 자릿수의 상당한 지지율을 기록했다. 정주영의 통일국민당은 민주당의 호남 지지는 별로 가져오지 못한 반면, 영남 등에서 민자당에 대한 지지를 분산시킨 것으로 드러난다.

서울대 정치외교학부 강원택 교수의 분석에 따르면, 1992년 총선에서의 통일국민당 지지자들은 지역적으로 비호남 지역이고, 정치적으로는 3당 합당에 대해서 부정적인 시각을 갖고 있는 유권자들이다. 그들은 3당 합당을 통해 자신들에게 강요된 민자당 지지에 대해 거부하고 그 대안으로 통일국민당을 선택한 것이다. 쉽게 말해 정주영과 통일국민당의 지지자들은 민자당이 싫어도 지역주의로 인해 경쟁 정당인 김대중의 민주당을 지지하기 어려운 유권자였다는 것이다. 강원택 교수는 제3후보 지지자들이 대체로 김영삼에 호감을 가진 반면 김대중에 대해서는 거리감을 느끼고 있다고 설명한다. 따라서 제3후보 지지자들은 민자당의 잠재적 지지자일 가능성이 높다고 지적한다.

통일국민당에 대한 지지를 '비호남+3당 합당 실망'으로 본다면 이는 '기존의 민자당에서의 이탈'로 이해할 수 있다. 이러한 지지가 통일국민당 후보가 없어진다고 해서 민주당과 대중에 대한 지지로 이어지기는 어렵다. 특히 지역주의 균열은 후보와 정당, 그리고 유권자의 기본적인 캐릭터와 관련된 문제이기 때문에 민자당에서 민주당으로, 민주당에서 민자당으로 지지가 바로 옮겨가기는 어렵다. 2016년 총선에서 더불어민주당에 실망한 호남 유권자들이 새누리당으로 넘어가지 않고, 국민의당이라는 제3의 대안을 선택한 것도 이와 유사한 현상이라고 할 것이다.

정주영이
후보를 사퇴한다면

김대중과 정주영이 후보단일화를 해 정주영이 후보 사퇴를 했다고 가정해보자. 정주영에 대한 지지는 민자당과 김영삼을 이탈한 지지이기 때문에, 상당수는 기권할 것이다. 혹은 기존의 '양김', 양당에 실망한 유권자들의 마음을 대변할 또 다른 제3후보를 찾아낼지도 모른다. 1990년 3당 합당으로 오늘날의 양당 체제가 자리 잡은 이후로 매번 대선마다 양당에 실망한 유권자들은 자신들을 대변할 제3후보를 찾아내곤 했다. 정주영으로부터 문국현, 안철수에 이르기까지 기존 정치권에 포함되지 않은 유명인사, 특히 주로 당시 시대 경향을 반영하는 성공한 기업인들이 그 대상이었다.

민자당에 대한 충성이 어느 정도라도 남아 있는 일부 지지자들은 그래도 '미워도 다시 한번' 김영삼을 지지할 것이다. 특히 김대중은 한국 정치사에서 가장 호불호가 극단적인 정치인이었다. 1992년 대선에서 상당수는 어떤 상황에서도 김대중을 반드시 찍겠다거나, 눈에 흙이 들어가도 김대중은 못 찍는다는 사람들이었다. 평생에 걸쳐 김대중은 절대 찍지 않았던 유권자들이 맘을 바꿔 김대중을 지지하기는 쉽지 않다. 결국 정주영 사퇴 시 정주영에 대한 지지는 결국 김영삼을 지지하느냐 기권하느냐로 나뉘게 될 것이다. 하지만 어느 편이 더 많다고 하더라도 김대중에게 유리한 상황일 수는 없다.

여기서 1997년 김대중-김종필 선거와 비교하여 왜 김종필에 대한 지지는 김대중에 옮겨갈 수 있는데, 정주영에 대한 지지는 김대중에게로 옮겨갈 수 없는지의 의문이 생긴다. 1997년 김대중-김종필 연합에서처럼 1992년에도 김대중이 정주영과 권력 분점을 명확하게 합의하고, 정주영이 김대중을 적극적으로 지지했으면 김대중-정주영 연합도 가능하지 않았을까?

하지만 1997년 김종필과 1992년 정주영은 지지자들의 충성도의 차이가 있었다. 김종필은 오랜 기간 충청의 정치적 맹주로, 김종필과 충청권 지지자들의 연결은 콘크리트처럼 공고했다. 그러나 정치를 시작한 지 1년도 되지 않은 정주영의 경우, 후보와 지지자들의 연결은 매우 유동적이었다.

따라서 정주영이 김대중을 지지하며 사퇴한다고 하더라도 정주영 지지자들이 김대중으로 지지를 이전할 유인은 적었다. 이후 대선에서도 정몽준, 문국현, 안철수 등 성공한 기업가들이 대선 시기에 많은 지지를 받기도 했다. 하지만 그들에 대한 지지는 빨리 모였던 만큼 낙선 또는 후보 사퇴 이후 빨리 흩어졌다. 특히 정치권 외부에서 등장한 신선한 후보들이 기존 정치인들과 권력 분할을 둘러싼 진흙탕 싸움을 시작하면 매우 빠른 속도로 유권자들은 지지를 철회한다.

이와 같은 상황에서 김대중은 정주영에게 단일화를 제안하지 않는 것이 나은 선택이었다. 1992년 대통령 선거에서 정주영의 등장은 비호남권에서 김영삼에 대한 지지를 분산시켰기 때문에 김대중에게는 오히려 유리한 조건이었다. 이러한 이점에도 불구하고 호남에 지지가 편중된 김대중은 3당 합당을 통해 형성된 비호남-반김대중 연합을 극복하지 못했다. 결국 김대중의 대권 도전은 또다시 실패하고 김영삼이 대통령으로 당선되었다.

1997년 지역등권론과
DJP연합

1997년 대통령 선거를 앞두고 상대적으로 지지율이 낮은 김종필은 김대중에게 후보를 양보하고 대신 공직 배분과 내각제 개헌 등 보상을 약속받았다. 이념적·지역적으로 지지기반이 달랐지만 두 후보는 연합의 결속을 과시하며 지지를 이전시키기 위해 노력했다. 그 결과 김종필의 지지는 김대중에게로 상당히 이전되었고 결과적으로 김대중은 4수 끝에 대통령으로 당선되었다.

　　1997년 DJP연합이 상대적으로 쉽게 성사되었던 것은 지역주의 덕분에 각 후보가 받을 표가 빤했기 때문이다. 1997년은 지역주의가 정점이었다. 각 후보들은 자신의 출신 지역 유권자와 수도권의 해당 지역 출신 유권자에게 압도적인 지지를 받았다. 따라서 각 후보들은 굉장히 견고한 지지층을 확보하고 있었으나, 한편으로는 지지층을 확장시키는 데 한계가 많았다. 이처럼 1997년 대통령 선거에서 각 후보는 선거운동을 통해 지지층을 늘릴 수 있다는 기대가 별로 없었기 때문에 선거가 본격적으로 시작하기 이전부터 연대에 따른 각 후보의 득실을 따지기가 쉬웠다.

김종필은 1990년 3당 합당으로 민자당을 만든 한 축이었다. 그러나 김종필은 김영삼에게 밀려 민자당 내에서 패권을 쥐는 데 실패했다. 김종필파(공화당계)는 민자당 내에서 소수로 전락했고 결국 민자당을 탈당해 충청권을 기반으로 한 자유민주연합(이하 자민련)을 창당했다.

김대중은 호남의 전폭적인 지지를 받고 있었고, 수도권 민주 세력에게도 많은 지지를 받고 있었다. 하지만 오랫동안 정치를 한 만큼 새로운 바람으로 표를 확장하는 데는 한계가 있었다. 특히 김대중은 영남 지역을 중심으로 한 반호남, 반김대중 정서와 색깔론을 극복하는 데 많은 어려움을 겪었다. 김대중은 당선을 확신했으나 3위에 그친 1987년 대통령 선거, 김대중을 왕따시킨 3당 합당의 힘에 밀려 석패한 1992년 대통령 선거에서 이러한 교훈을 뼈아프게 느껴야 했다.

김대중-김종필, DJP연합의 핵심 논리는 '지역등권론'이었다. 지역등권론은 그간 집권해온 PK(부산경남) 정권에서 소외되었던 호남, 강원, 충청, TK(대구경북) 지역도 같은 권리를 갖고 동반성장해야 한다는 논리이다. 1995년 지방선거에서 김대중의 민주당과 김종필의 자민련 모두 지역등권론을 주장했다. 두 당은 모두 각 지역의 발전 논리로서 지역등권론을 사용했지만 지방선거 시기까지는 본격적으로 비PK 지역연합, 즉

DJP(혹은 대구경북의 박태준을 포함해 DJT) 연합의 논리로 발전한 것은 아니었다.

DJP연합은 1996년 총선 이후부터 본격화되었다. 김대중은 1996년 총선에서 개헌저지선인 100석을 확보해 강력한 야당으로서의 위치를 확보하고, 신한국당과 자민련이 연합해 내각제 개헌을 하는 것을 막으려 했다. 그러나 김대중의 새정치국민회의(이하 국민회의)*는 무수한 석패를 남긴 채 79석을 얻는 데 그쳤다. 신한국당을 탈당해 자민련을 창당한 김종필은 충청권을 중심으로 선전해 50석을 확보했다. 하지만 김종필의 자민련은 여전히 3당의 위치로서, 독자적인 대통령 당선과는 거리가 멀었다. 여당인 신한국당은 139석을 얻어 작은 차이로 과반이 되지는 못했지만 압도적인 제1당을 유지했다. 야권이 자민련, 국민회의, 통합민주당으로 분열되어 반反여당 지지가 분산된 것이 이러한 원인이었다.

김대중은 대통령 후보 지지 여론조사에서 줄곧 1위를 하고 있었지만(김대중 35.8%, 이인제 24.2%, 이회창 20.3%, 조순 7.2%, 김종필 4.4%)[4] 정당구도로 볼 때 독자적 힘으로 당

---

* 김대중은 1995년 지방선거에서 이기택 당대표와 갈등을 겪은 후, 탈당해 새정치민주연합을 창당한다. 김대중을 따라가지 않은 민주당 잔류파는 이후 통합민주당이 된다.

선이 어려울 것이라 생각했다. 1997년 당시만 하더라도 관권선거*가 횡행했기 때문에, 본격적인 선거에 들어가 여권의 공세로 부동층이 여권으로 기울 가능성도 크다고 보았다. 이미 1987년 선거, 1992년 선거에서도 선두로 나서다가 여권 후보에게 역전을 당한 경험이 있는 김대중이었다. 좀 더 확실한 대책이 필요했다. 1996년 총선 이후 국민회의 내에서는 DJP 연합의 필요성이 대두되었다.

> 1996년 4·11 총선 패배는 당내 상당수 인사들에게 '발상의 전환'을 강요했다. 이 무렵 당내 중진들은 DJP 연대의 필요성을 앞다퉈 제기했다… 총선 일주일 뒤인 1996년 4월 18일 서울 서교 호텔. DJ는 동아시아 포럼 인사들을 다시 불렀다. 나종일, 황태연, 이목희 등이 참석했다. 황태연 등은 총선 전 폐기됐던 지역연합론을 다시 꺼냈다.
> "지역연합은 제한적 의미의 정당연합입니다. 지역연합 없이는 대통령 선거에서의 낙선을 피할 수 없습니다. 승산 없는 출마는 죄악입니다. 호남 사람들에게 엄청난 좌절을 안겨줄뿐더러 민주화·재야 세력에게도 타격입니다."

---

* 선거 과정에 공권력이 개입되어 치러지는 선거 형태.

"결국 JP와 합치라는 얘기 아니오."

"합치라는 것이 아닙니다. 합치지 않고도 다른 세력과 얼마든지 연대할 수 있습니다. 서구에서 연립정부는 흔한 일입니다. 국민회의는 어쩔 수 없는 지역 정당입니다. 여태껏 권력에서 호남이 차지하는 비율은 9%에 불과합니다. 자민련이 70%를 가져가도 호남에게는 남는 장사입니다."

이른바 연립정부 구성을 통한 권력분점론이었다… 총선 전 동아시아 포럼의 건의를 묵살했던 DJ의 태도는 이미 크게 달라져 있었다. DJ는 이들의 건의를 사실상 수용했다.

"핵심적 얘기들에 대해 전적으로 공감합니다."[5]

당시 지역주의와 그에 따른 정당구도는 너무 안정적이었지만, 그는 여전히 지지율 1위의 주요 후보였다. 따라서 그는 조금이라도 지지율을 확실하게 높일 수 있다면 당선 가능성을 굳힐 수 있었다. 그러나 김대중은 혼자 힘으로 마땅한 승부수가 없었다. 또한 지역주의의 특성상 김대중이 다시 충청이나 영남 지역에서 태어나지 않는 이상 다른 지역에서 득표를 가져오기 어려웠다. 김대중의 입장에서 선거운동을 통해 새로운 구도가 형성되고 이를 통해 새로운 지지층이 생기리란 기대는 쉽지 않았다. 따라서 김대중은 추가적인 지지를 확보할 방법이 간절히 필요했고, 김종필과의 후보단일화를 적극적으로 고려하게 된다.

김종필은 민자당에서 탈당한 후 자민련을 창당해 1996년 총선에서 선전했지만, 대통령이 될 가능성은 적었다. 자민련은 말 그대로 충청권 정당이었다. 김종필은 내각제 개헌을 주장하며 권력을 나눠가지려 했다. 하지만 신한국당은 대통령제를 고수했다. 정치적 계산이 빠른 김종필은 일찍부터 DJP연합을 구상했다.

> 다시 1995년 2월 청구동 자택, 김인곤*의 위로를 받은 JP는 특유의 상기된 표정으로 말을 내뱉었다.
>
> "김 박사, DJ더러 대통령 하라구 해요. 난 대통령병 환자가 아니에요. 민자당 가지고는 이 나라를 바로 세울 수가 없습니다. 대신 내각제를 받으라 하시오." …
>
> JP의 자민련은 김인곤의 예상대로 1996년 4·11 총선에서 50석을 확보하는 대성공을 거두었다. 이때 김인곤은 청구동을 다시 찾았다. 당시는 신한국당의 '의원 빼가기' 공작으로 여야가 첨예하게 대치하던 때였다.

* 광주 출신 국회의원, 국민회의 소속이었으나 신민주공화당 출신으로 김종필의 측근.

"총재님, 이제 본격적으로 시작해보는 게 어떻습니까."

"그러지, 대신 그쪽으로 빨리빨리 선을 그으라고 해."

김인곤은 그때서야 DJ에게 전말을 보고했다. 총선이 끝난 지 두 달여가 지난 1996년 6월 중순께였다. 그렇잖아도 이미 DJP 연대 쪽으로 가닥을 잡고 있던 DJ는 반색했다.[6]

김종필의 입장에서는 어차피 대통령이 될 수 없다면 출마는 낭비였다. 1997년 대통령 선거에서 김종필의 관심은 누가 내각제를 받아줄 것인가 하는 것이었다. 김종필의 내각제 주장은 단지 제도를 바꾸는 것이 아니라, 내각 총리로서 자신에게 전권을 달라는 요구였다. 대통령이 될 만한 인기가 없었던 김종필은 자신이 대한민국 최고에 서는 방법은 내각제 개헌을 통해 간선인 내각 총리가 되는 것뿐이라고 생각했다.

여당인 신한국당은 김종필에게 내각제를 약속해줄 만한 이유가 별로 없었다. 신한국당의 힘만으로도 대선에서 이기고 국회에서도 주도권을 가질 수 있다고 본 것이었다. 반면 대통령 선거에서 3번이나 낙선하고, 정계 은퇴까지 번복하며 출마한 김대중으로선 1997년 대통령 선거가 정말 마지막 기회였다. 김대중은 이념적·역사적으로 거리가 먼 김종필에게 절반의 권력을 약속하며 연대를 맺었다.

내각제 개헌 합의와
약속 보장

빨리 협상을 정리하고, 본 선거에 몰두하는 게 둘 모두에게 좋았다. 두 후보는 선거운동 초기부터 치열한 협상을 벌였고, 비교적 빠른 기간에 합의를 이뤄 DJP연합을 발표했다. 단일화 협상 과정에서 김종필은 김대중을 강하게 몰아붙였다. 김대중의 입장에서는 많은 보상을 주고서라도 후보단일화를 할 수밖에 없었다.

김종필은 대외적으로 독자 출마, 김종필 단일 후보론 등을 내세우며 김대중을 압박했다. 그러나 실제 협상 내용은 자신에게 어떻게 보상을 할 것인지가 대부분이었다. 특히 김종필은 내각제 개헌을 하고 자신이 총리를 맡는 것을 확실히 약속받고 싶어했다. 김대중의 생각이다.

자민련과는 후보단일화 협상을 빨리 매듭지어야 했다. 국민회의 측에서는 한광옥 부총재, 자민련 측에서는 김용환 부총재가 협상 대표로 만남에 만남을 거듭했다. 김용환 씨는 대단한 박력의 소유자였다. 어차피 후보를 양보할 바에는 많은 것을 얻어야겠다는 계산을 하는 모양이었다. 그러다보니 한광옥 협상 대표는 줄곧 수세에 몰렸다. 어쩔 수 없었다.

그렇다고 김 부총재가 일을 그르칠 생각은 하지 않는 듯했다. 어떻게든 성사시키려고 애를 썼다. 협상 대상으로 부담스럽기는 했지만 그 자세가 건전하여 믿음이 갔다. 그는 내각책임제 개헌을 줄기차게 요구했다.

결국 나와 국민회의는 많은 것을 양보했다. 임기 내 내각책임제 개헌도 받았다. 국민들이 내각제를 원하면 개헌할 수 있다고 입장을 정리했다… 나는 자민련과 손을 잡더라도 우리 당의 정체성은 훼손되지 않을 것으로 확신했다. 그리고 더 중요한 것은 선거에서 반드시 이겨야 한다는 점이었다.[7]

자민련에서는 비자금 사건이 터지자 "어떻게 비리 정치인하고 손을 잡을 수 있느냐"며 DJP반대파들이 목소리를 높였다. 김인곤은 그날 저녁 곧바로 한광옥을 만났다. JP의 의중을 전한 김인곤은 한광옥에게 협상을 매듭지을 것을 재촉했다.

"DJ를 빨리 만나시오. JP가 아니면 절대 안 돼요. 대선에서 이기려면 JP가 달라는 대로 다 줄 수밖에 없어. 그런 의지를 확고히 주장하세요."

한광옥은 당내의 비판을 우려했다.

"당에서 그렇게 다 내주면 되냐고 야단입니다. 당에서 비판하면 형님이 좀 커버해주십시오."

며칠 뒤 김인곤은 DJ를 직접 대면했다. 두 사람 모두 비자금 사건으로 DJP연대가 깨질지도 모른다는 위기감을 토로했다…

협상팀에게 전권을 일임했다는 얘기였다. 사실상 DJ가 JP의 요구조건을 전폭 수용하기로 했다는 최종결정을 통보한 것이다. 그 뒤 협상은 약간의 '끝내기' 수순이 있었지만 일사천리로 진행되었다.[8]

인용한 부분에서 보듯이, 두 후보의 협상은 김종필이 일방적으로 요구하고 김대중이 이를 수용하는 방식으로 이뤄졌다. 김대중–김종필 단일화 합의문의 핵심내용은 다음과 같다.

1. 대통령 후보는 국민회의 김대중 총재로 하고 집권 후 공동정부의 국무총리는 자민련 김종필 총재로 한다.

2. 차기 정부의 관료 구성 등은 동등하게 균분하고 양당 동수로 공동정부 협의기구를 구성한다.

3. 공동정부 출범과 함께 개헌추진위를 발족하고 대통령이 주도적으로 개헌안을 발의, 1999년 말까지 개헌을 완료한다.

4. 대통령을 간선으로 선출하고 수상이 국정 전반을 책임지

는 순수내각제로 한다. 독일식 불신임제를 채택한다.

5. 내각제 개헌 후 초대 대통령과 수상의 선택은 자민련이 우선권을 갖는다.[9]

두 후보의 합의는 대통령의 효용 중 과반을 총리에게 넘기는 것이었다. 김종필이 주장한 내각제 개헌은 단순히 정책적 주장이 아니었다. 합의안은 김대중 대통령의 임기를 실제로 2000년 총선 전까지로 하는 것으로, 총선 이후에는 김종필 총리하의 내각제 정부를 구성하는 것이었다. 또한 2000년 총선 전까지도 김종필은 책임 총리로서 관료 구성과 정부운영에 절반의 책임을 갖도록 했다. 김대중은 많은 보상을 하고서라도 후보단일화를 하는 것이 우월한 전략이었고, 김종필도 독자 후보로서 당선 가능성이 없는 상황에서 대통령의 권한을 나눠가질 수 있는 전략이었기 때문에 결국 이렇게 파격적이고 전례 없는 후보단일화 협상이 성사될 수 있었다.

그러나 아무리 많은 권력 이양을 약속한다 하더라도 당선 이후에 실제로 이행될 것이란 보장이 없다면 소용이 없다. 특히 정치적 합의는 민사상 계약과는 달리 법으로 보장받는 것도 아니다. 후보단일화 협상에서의 보상은 아무리 빨라도 당선 직후에야 이루어지는 것이다. 그렇기 때문에 보상 약속이 이뤄질 것이라 믿게 하는 정치적·제도적 조건이 뒷받침되지 않으면 협상은 성사되지 않는다.

김종필은 어떻게 김대중이 대통령이 된 후 자신과의 약속을 지키리라 확신했을까? 정치적 경험이 많은 김종필은 배신당할 가능성을 염두에 두었을 것이다. 특히 이미 3당 합당으로 만들어진 민자당에서 김영삼에게 밀려난 김종필로서는 약속 이행의 가능성을 계산해볼 수밖에 없었다. 여러 가지 이유로 이후에 내각제 개헌 약속은 이행되지 못했지만, DJP연대의 배경에는 당시 내각제 개헌 이행이 가능하다고 봤을 만한 정치적·제도적 상황이 있었다.

당시에 김종필이 김대중의 약속 이행을 어느 정도 신뢰할 수 있었던 가장 큰 이유는 당시의 정당 간 국회의원 의석 분포였다. 김대중의 국민회의는 전체 299석 중 79석만을 가지고 있었다. 김대중이 대통령이 된다 하더라도 국민회의는 자민련과의 연합 없이는 다수당이 될 수 없다. 김종필의 입장에서는 김대중이 김종필과의 약속을 이행하지 않을 시 자민련은 신한국당과 연합해 김대중 정권의 발목을 잡을 수 있고, 극단적인 경우 개헌까지도 추진할 수 있다. 따라서 당시의 의석 분포는 김대중과 김종필의 약속 이행을 보장하는 1차적인 조건이었다.

가령 국민회의가 과반의석을 확보했거나, 2007년 대통령 선거, 2008년 총선처럼 대통령 선거 직후에 총선이 예정되어 있었다면 약속 이행의 보장은 쉽지 않았을 것이다. 이는 후에 설명할 2007년 대통령 선거에서의 정동영-문국현 후보단일화 실패와 비교하면 명확해진다.

김종필은 김대중의 약속 이행을 좀 더 확실히 보장받고 싶어했다. 아래 인용문에서 보듯이 국민회의와 자민련은 후보단일화 협상 과정에서부터 합당을 검토했다. 배반하지 못하도록 아예 하나의 울타리로 묶어버리려 했던 것이다.

> 새정치국민회의와 자유민주연합 양당은 1997년 7월 3일 대통령 후보단일화 협상단의 비공식 협의에서 '후보단일화는 합동 여론조사나 외부 여론조사 위탁 등 양당합의의 민심측정 결과를 따르고, 이와 별도로 통합 후보를 공고히 하기 위하여 양당 합당을 검토한다'는 데 잠정적인 합의를 보았다. 이와 관련하여 자유민주연합 단일화 협상단의 한 위원은 '가장 확실하게 권력 분점을 하는 길은 합당이며 대통령 선거를 전후한 영입 작업도 혼선을 빚지 않을 것'이라 말하며 양당의 통합을 희망하였다.[10]

결과적으로 두 당의 합당은 이뤄지지 못했다. 김대중이 보수적인 김종필과 연합한 것에 실망한 진보적 유권자의 이탈을 우려했기 때문이다. 하지만 두 당의 합당 시도는 종속적 후보단일화에서 약속 이행 보장을 어떻게 하느냐가 그만큼 중요하다는 걸 보여준다.

김대중을 찍도록
김종필 지지자를 설득하기

후보단일화를 성사시켰지만 여전히 어떻게 김종필 지지자들이 김대중을 찍도록 설득할 것인가의 문제가 남아 있었다. 김대중과 김종필은 지지기반이 상이했다. 김대중은 지역적으로 호남, 이념적으로 진보인 유권자들에게 주로 지지를 받고 있었다. 반면 김종필은 지역적으로는 충청, 이념적으로는 보수인 유권자에게 주로 지지를 받고 있었다.

두 후보의 후보단일화 합의가 본격화되기 이전에 실시한 여론조사는 두 후보 간 지지 이전이 쉽지 않다는 점을 잘 보여준다. 『한겨레』가 1996년 말 조사한 결과에 따르면 김대중으로 후보단일화가 됐을 경우 자민련 지지자의 26~28%만이 김대중을 지지하고 나머지는 등을 돌릴 것으로 나타났다. 반대 경우인 김종필로 단일화될 때에도 국민회의 지지자의 33~45%만이 DJP연합을 따라오는 것으로 나타났다.[11]

이처럼 지역주의 구도에서는 유권자들이 좀처럼 지지를 옮기지 않는다. 대통령 후보의 고향이 가장 강력한 지지 유인이었고, 김대중이 다시 태어나지 않는 이상 충청 출신이 될 수는 없었기 때문이다. 충청 유권자들은 김종필이 권력을 갖게 되는 것을 원했다. 만약 충청 유권자가 김대중에게 투표하는 것이 김종필의 권력으로 이어지지 않는다면 충청 유권자들은 김대중을 찍을 이유가 없다.

김대중이 김종필과 권력을 나누겠다는 약속이 지켜진다는 보장이 필요했다. 그렇지 않다면 충청 유권자들은 또 다른 충청 출신 후보인 이인제나 충청 연고가 있는 이회창을 지지하는 것을 택할 수도 있었다. [표2]는 충청권 유권자들이 김대중을 찍을지 여부가 김대중-김종필 간의 내각제 이행 약속을 지킬 것으로 보느냐에 따라 달라진다는 점을 보여준다.

[표2]를 보면 김대중이 내각제 약속을 지킬 것이라고 보는 유권자 중 40%는 김대중을 지지했다. 이는 다른 후보들에 비해 압도적인 수치였다. 반면 김대중이 내각제 약속을 지키지 않을 것이라 보는 유권자 중 김대중을 지지하는 유권자는

[표2] 충청권 유권자의 내각제 약속 이행 전망에 따른 지지 후보　　　　단위: %

충청도	이회창	김대중	이인제	아무도 없다	잘 모르겠다
지킬 것이다	16.0	40.0	20.0	4.0	20.0
안 지킬 것이다	36.1	5.6	33.3	11.1	13.9
잘 모르겠다	9.3	18.6	18.6	0.0	53.5

출처: 조현연, 『동향과 전망』 1997년 봄호.

5.6% 불과했다. 또한 약속 이행 여부에 대해 '잘 모르겠다'고 응답한 유권자들은 지지 후보에 대해서도 '잘 모르겠다'고 응답한 경우가 많았다. 김대중의 내각제 약속 이행에 대한 신뢰는 충청 지역의 김대중 지지를 결정하는 중요한 요소였다.

　그러나 선거 초기 충청 유권자들은 김대중이 김종필에게 권력을 이양할 것인지 확신하지 못했다. [표3]을 보면 충청권에서 김대중의 약속 이행에 대해 믿지 않거나 판단을 유보하는 유권자가 많음을 알 수 있다. 전국 유권자 중 32.5%만 김대중이 약속을 지킬 것이라 보았고, 특히 충청 유권자 중에서는 24.5%에 불과했다.

　김대중과 김종필의 충청권 선거 전략은 DJP연합이 강고함을 알리고, 내각제 약속이 반드시 이행될 것이라고 유권자들을 설득하는 것이었다. 당시 충청권 유권자들의 지지는 DJP

[표3] 내각제 약속 이행에 대한 지역별 전망   단위: %

	지킬 것이다	지키지 않을 것이다	잘 모르겠다
서울	31.7	45.4	22.9
경기/인천	35.8	38.9	25.2
충청도	24.0	34.6	41.4
전체	32.5	39.8	27.7

출처: 조현연, 『동향과 전망』 1997년 봄호.

연합의 김종필, 한나라당의 이회창, 국민신당의 이인제로 나
뉘어 있었다. 이회창, 이인제는 충청권 지지가 DJP연합에게 가
지 않도록 DJP연합은 붕괴할 것이고, 내각제 약속이 지켜지지
않을 것이라 공격했다. 충청권 유권자를 향해 내각제의 비민
주성, 내각제를 반대했던 김대중의 과거 전력, 내각제 개헌의
비현실성을 주로 문제 삼았다. 김대중은 이에 대해 내각제의
장점을 부각하면서도, 장단점과 상관없이 김종필과의 약속은
반드시 지킨다는 점을 강조했다.

이인제　　　뭐, 아주 현실적인 질문을 드리겠습니다. 지금 이
번 대통령 선거에서 불쑥 내각제라고 하는 쟁점이 떠올랐습
니다. 내각제라고 하는 것은 한마디로 얘기해서 이번 대통령

선거가 마지막 대통령 선거가 된다는 뜻입니다. 저는 김대중 후보께서 평소에 대통령 직선제, 아주 강력하게 주장해오신 분이고, 지난 총선거에서도 대통령 직선제를 위해서 내각제 음모를 분쇄하기 위한 의석을 확보해달라고 국민에게 호소하셨습니다. 그런데 이번에 갑자기 김종필 총재와 내각제 합의를 전제로 해가지고 연대를 추진하셨습니다. 이 문제에 관해서 지금도 과연 진정 마음속으로부터 내각제가 이 나라를 위해서 올바른 정치 구조라고 생각을 하시는지 이 점을 말씀해 주시고요…

이회창　　신한국당이 반대하면 (내각제를) 할 수 없다. 지금 김종필 씨와의 약속은 허사가 되는 것입니까? 지금 김종필 씨와의 약속이 하나의 큰 방향으로, 지금 공포가 되어서 모든 국민이 그런 쪽으로 가는 걸로, 새정치국민회의의 정책 방향은 그런 쪽으로 알고 있는데 그러면 결국 우리 당이 찬성하지 않으면, 물론 찬성 안 할 것입니다. 그러면 결국은 DJP연합은 깨지는 것인지 그걸 좀 알고 싶고요…

김대중　　아, 그리고 저는 이 문제에 있어서 김종필 총재 자민련하고 한 약속은 지킵니다. 다만 현실적인 문제로서 이회창 후보 측에서 찬성 안 하면 그것이 불가능한 것이라는 말을 하고 있는 것입니다. 그리고 이 책임론을 정치권 전체로 얘기하는데 세상에 그런 민주주의는 없습니다. 아 책임은 주로 여당이 지는 것이고…

지금 우리나라에 있어서 내각책임제도 민주주의이고, 대통령 제도 민주주의입니다. 민주주의인데 우리나라가 민주주의가 안 되고 있는 것은 여야 간 정권교체가 안 되기 때문입니다… 내각책임제가 21세기의 다양화의 시대에는 적합한 면도 있습니다. 그리고 아까 말씀과 같이 내각책임제는 그런 그 책임정치에는 적합한 점이 있기 때문에 우리가 자민련하고 합의해서 의결을 해가지고 합의한 것입니다.[12]

김종필은 그 나름대로 충청권 유권자들이 이회창, 이인제가 아닌 DJP연합을 지지해야 한다고 적극적으로 설득했다.

1997년 11월 26일 법정 선거운동이 시작되자 JP는 아예 충청 지역으로 내려가 선거캠프를 차렸다. 충청 연고권을 주장하는 이회창 한나라당 후보와의 물러설 수 없는 한판 싸움이 벌어졌다. JP는 충청 지역 유권자들에게 "김영삼 대통령과 함께 나라를 이렇게 만들어놓은 사람들이 이제 와서 정권을 잡겠다고 뻔뻔스럽게 돌아다니고 있다"며 이회창에게 직격탄을 날렸다. 그는 이어 "정치박사인 김대중 후보, 행정박사인

나 그리고 경제박사인 박태준 총재 세 사람이 힘을 합치면 1년 반 내지 2년 내에 나라 경제를 벌떡 일으켜 세울 수 있다"며 IMF 극복을 위해서도 국민회의와 자민련 연합 후보인 DJ를 지지해 달라고 충청도 유권자들에게 호소했다…

JP의 핵심브레인인 김용환도 JP의 충청 지역 사수를 돕기 위해 발 벗고 나섰다. 김용환은 충청 지역 유세에서 "충청권이 단결해 표를 많이 몰아줘야 DJ도 고맙게 생각해 약속을 지킬 것이다. 김종필 명예총재와 나를 믿고 김대중 후보를 지지해 달라"고 역설했다…

자민련에는 다시 '이인제 누르기' 비상이 걸렸다… 이인제에 대해서는 나이가 어리다는 점을 역이용했다. 장유유서를 존중하는 충청도의 정서에 호소하는 선거 전략을 채택한 것이다. 이번에는 충청도의 '어른'인 JP가 미는 DJ를 찍어주고, 40대의 젊은 이인제는 다음 기회에 밀어달라는 전략을 사용했다… DJ와 이회창의 표차는 39만 표에 불과했다. 충청권에서의 DJ와 이회창의 표차인 41만 표와 거의 비슷했다.[13]

앞서 인용한 대로 김대중은 최종 개표 결과 2등인 신한국당 이회창을 불과 39만 표 차이로 꺾고 당선되었다. 충청에서 김종필의 힘을 업어 이회창을 앞서지 않았다면 결코 이룰 수 없었던 승리였다. 1997년 선거에서 김대중은 지지율 1위였지만 추가적인 상승 요인이 적은 후보였고, 김종필은 당선 가능성은 거의 없지만 견고한 지지층을 가진 후보였다. 둘은 강고한 연대를 이루기 위해 확실한 보상을 약속했고, 김종필을 지지하는 유권자를 설득하기 위해 노력했다. 당시의 의회 내 의석분포 또한 이러한 보상의 약속이 지켜지리란 보장을 일정 정도 가능하게 했다. 김대중, 김종필의 현명한 판단과 더불어 당대의 정치적 조건 역시 이러한 연대를 가능하게 한 배경이었던 것이다.

결과적으로 김대중 정권에서 내각제 개헌은 이뤄지지 않았고, DJP연합은 깨지게 되었다. 김대중 정권 전반기 동안의 DJP연합은 한국 정치에서는 드물게 두 당이 연합해 정권을 꾸린 사례다. DJP연합의 붕괴는, 각 정당·후보자와 유권자 모두에게 선거연합에서의 보상 약속이 이뤄지기 어렵다는 교훈을 주었다. 그후 '공동정부 구성' 약속은 일종의 공수표처럼 여겨지게 되었다.

양보하는 후보단일화 ❶

두 후보의 지지율 격차가 큰 경우

1997년 대통령 선거에서의 김대중-김종필 연합(DJP연합)은 전형적인 '양보하는 후보단일화'다. 양보하는 후보단일화는 상대적으로 지지율이 낮은 후보가 출마를 포기하고 상대적으로 지지율이 높은 후보를 지지하면서 일정한 정도의 보상을 받는 후보단일화 방식이다. 1997년 김대중-김종필 사례처럼, 경선이 이뤄지더라도 형식적이며 누가 경선을 이길지는 모두 다 알고 진행된다.

양보하는 후보단일화에서는 두 후보 간의 지지율 차이가 상당히 존재한다. A후보 48%, B후보 38%, C후보 14%이고, B후보와 C후보의 지지층은 상당히 겹친다고 가정해보자. 이 경우 B후보는 지지율이 조금만 올라도 당선 가능성이 크게 높아진다. 따라서 사활을 걸고 C후보와의 단일화를 이루려고 할 것이다.

그런데 C후보의 입장에서 후보단일화는 사실상 후보 사

퇴를 의미한다. 경선은 해보나 마나일 것이다. 모든 후보는 어쨌든 기대하는 바가 있기 때문에 선거에 출마한 것이다. 아주 낮은 확률이지만 당선될지도 모르고, 완주를 함으로써 자신의 정치적 영향력을 확보할 수도 있다. 그렇기 때문에 B후보의 적절한 보상이 있어야 한다.

따라서 양보하는 후보단일화의 성사 여부는 후보단일화에 참여하는 후보들이 적절한 수준에서 보상을 합의할 수 있는가에 달려 있다. 즉, 단일 후보가 되는 후보가 줄 수 있는 보상과 양보하는 후보가 받고자 하는 보상이 맞아떨어질 수 있느냐 하는 것이다.

양보한 자에 대한 보상 협상

경합 구간에 있는 후보는 후보단일화를 통해 적게라도 지지율을 더 끌어올린다면 당선 가능성이 훨씬 크게 높아진다. 그러므로 큰 보상을 주고라도 후보단일화를 할 필요가 있다. 또한 양보하는 후보 입장에서는, 자신이 가진 정치적 영향력에 비해 훨씬 큰 보상을 얻어낼 기회가 되기도 한다. 가령, 1997년 대선에서 김종필은 충청권에 한정된 지지를 얻고 있었지만 김대중과의 단일화 협상에서 임기 후반 2년은 내각제 개헌을 통해 자신이 권력을 가진다는 합의를 받아냈다.

보상 협상에서 단일화 이후 단일 후보의 당선 가능성이 가장 중요한 변수다. 단일화를 해도 당선될 가능성이 별로 없다면 황금송아지를 준다 한들 공수표에 불과하다. 당연히 당선이 유력한 후보가 보상을 약속할 때 단일화는 수월하게 이뤄진다.

양보하는 후보단일화는 선거운동이 본격적으로 시작되기 전과 투표 직전 두 시점에 이뤄지기 쉽다. 일단 선거운동이 시작하기 전 시점에 일어나는 건 비용 때문이다. 이미 사용한 선거비용이 적을수록, 그리고 현 시점에서 선거 종료까지 예상되는 선거 비용이 클수록 이뤄지기 쉽다. 선거전이 본격적으로 시작되기 전에 이뤄지는 단일화 사전합의는 이미 사용한 비용이 적기 때문에 상대적으로 적은 보상을 가지고도 후보단일화가 이뤄질 수 있다. 대표적인 경우는 1997년 김대중-김종필 단일화이다.

반대로 투표 직전도 후보단일화가 이뤄질 수 있는 또 다른 기회다. 어떤 후보가 당선 가능성이 꽤 있다고 판단해 선거에 뛰어들었지만, 선거 후반에 들어 자신의 열세가 분명히 드러나고 뒤집을 기회도 없다고 판단할 때를 말한다. 즉, '선거운동 기대효과'가 0에 가까워지는 것이다. 이때 후보는 투표를 통해 아무것도 이루지 못하는 것보다 적은 보상이라도 얻기 위해 사퇴를 선택할 수도 있다.

2002년

노무현 정몽준

3

**최초의 대등한 후보단일화는
어떻게 성공할 수 있었나**

2002년 대통령 선거에서 후보단일화가 없었다면 우리는 '대통령 노무현'이라는 극적인 이름을 보지 못했을 것이다. 후보단일화 이전에는 이회창이 압도적으로 선두를 유지했지만, 11월 24일 후보단일화 이후에는 노무현이 지속적으로 1위를 유지했다. 투표 전날 정몽준의 막판 지지 철회로 다소간의 지지 이탈이 있었으나 노무현은 결국 당선했다.

노무현-정몽준 단일화는 두 후보 모두 비슷한 지지율을 가진 상태로 진행되었으며, 특별한 보상에 대한 협의 없이 당선 가능성을 올리는 것에 최대의 목적을 두고 진행됐다. 전형적인 대등한 후보단일화라고 볼 수 있다.

정몽준의 등장,
후보단일화 요구의 시작

선거구도는 이회창의 우세 속에 정몽준이 다크호스로 떠오르고 있었다. 노무현은 처음으로 시도된 국민경선에서 유력 후보였던 이인제를 꺾으면서 대역전극의 주인공이 되었다. 국민경선 흥행의 효과로 한때 지지율이 60%를 넘기도 했다.

2002년은 무엇보다 월드컵의 해였다. 한국과 일본이 공동개최한 2002 월드컵에서 한국 축구대표팀은 4강까지 오르며 전 국민을 월드컵 열풍으로 몰아넣었다. 모든 사회현상은 월드컵으로 설명되었고, 월드컵 딱지를 붙이면 개똥도 잘 팔리던 때였다. 2002 월드컵은 하나의 체육대회가 아니라, 이념적 갈등으로 점철된 패권정치와 IMF 외환위기로 침체된 국민경제를 혁신할 어떤 힘의 덩어리처럼 느껴졌다. 현대중공업이 위치한 울산 지역구 국회의원이자 대한축구협회 회장이었던 정몽준은 월드컵 이전에는 정치인으로서 그다지 존재감이 크지 않았다. 하지만 월드컵의 성공적인 개최에 힘입어 대중적인 지지가 높아졌고, 9월 1일 대통령 출마를 선언하면서 인기가 크게 상승했다.

정몽준에 대한 지지율이 점차 높아지자 상대적으로 노무

현의 지지율은 점차 낮아졌다. 사실 두 후보는 정치적·개인사적으로 상반된 후보였지만 모두 한국사회의 혁신을 원하는 유권자층으로부터 지지를 받았다. 당시 정치적 구도는 한나라당과 새천년민주당의 양당구도였지만 무소속이었던 정몽준이 유력 후보로 등장하면서 선거는 점차 다자구도로 바뀌고 있었다.

노무현은 전형적인 한국 정치 엘리트와는 결이 다른 사람이라 보수적인 유권자들의 지지를 얻기 힘들 것이라는 우려가 많았다. 그는 가난한 집안 출신이었고 고졸이었다. 전임 김대중 대통령도 고졸이었지만, 일제강점기 출신의 김대중 전 대통령과 달리 노무현 세대의 엘리트들은 이미 명문대 출신들이 주류였다. 노무현은 5공 청문회 등에서 인상적인 활약을 펼쳤으나 리더로서의 안정적인 성과를 보여준 바는 없었다. 선거 기간 동안 노무현은 대북문제, 미국과의 관계 등에 대해 과감한 발언을 했으나, 한나라당은 이를 지속적인 색깔론으로 공격했다. 이런 가운데 정몽준이란 새로운 카드가 등장하자 노무현의 지지율은 더욱 빠른 속도로 떨어졌다.

10월이 다가올수록 두 후보는 강하게 단일화를 요구받았다. 특히 노무현으로는 이회창을 꺾을 수 없다는 위기 의식을 가진 새천년민주당 의원들이 정몽준을 포함한 재경선을 요구했고, 일부는 단일화를 요구하며 탈당해 후보단일화협의회(이하 후단협)를 만들기도 했다.

2012년 10월 초중순 시기의 후보단일화 요구는 실제로는 노무현의 사퇴를 의미했다. [표4]에서 보듯이 노무현은 정몽준에 비해 지지율이 확연하게 낮았기 때문이다. 또한 노무현으로의 단일화가 이뤄진다고 해도 당선 가능성이 크지 않았던 것에 비해, 정몽준으로 단일화가 이뤄질 경우 꽤 승산이 있

[표4] 2002년 대통령 후보 지지도 여론조사　　　　　　　　단위: %

조사시기 및 조사기관	다자구도 시				노무현 단일화 시			정몽준 단일화 시		
	이회창	노무현	정몽준	태도 유보	이회창	노무현	격차	이회창	정몽준	격차
8/10 (동아일보)	30.8	20.8	27.4	21.0	40.4	31.7	8.7	33.5	39.7	-6.2
8/31 (MBC)	29.2	18.3	22.2	22.2	34.5	31.3	3.2	31.6	41.0	-9.4
9/7 (동아일보)	30.2	17.6	29.5	21.0	37.7	32.2	5.5	33.5	41.0	-7.5
9/18 (MBC)	31.7	18.5	27.5	21.4	38.0	32.1	5.9	33.0	40.7	-7.7
9/24 (동아일보)	32.0	14.4	28.5	23.7	41.2	31.0	10.2	34.7	41.7	-7.0
9/28 (MBC)	30.0	16.8	26.1	24.9	39.0	31.8	7.2	32.3	42.8	-10.5

출처: 저자 작성.

는 것으로 나타났다. 그렇기 때문에 단일화 요구 양상도 원래 노무현 세력이었던 민주당 의원들이 정몽준에게로 이탈하는 방식으로 이뤄졌다. 후단협 등 민주당 탈당 의원들의 선택은 노무현의 세력을 더욱 약하게 해 두 후보 간 균형을 무너뜨려, 종속적 후보단일화를 이루려는 협박 전술이었다.

그러나 노무현은 단일화에 강하게 반대했고, 정몽준도 적극적으로 대응하지 않았다. 왜일까? 2002년 대통령 선거는 이례적으로 선거구도가 불안정했다. 얼마든지 반전할 가능성이 있었다. 소위 3김 시대가 끝나면서 새로운 정치 지도자에 대한 요구가 어느 때보다 높았다. 노무현과 정몽준 모두 대선 후보로는 그다지 거론되지 않았던 사람들이었다. 그들의 인기를 각각 시시각각 바뀌는 바람에 빗대어 '노풍', '정풍'이라고 부를 만큼 그들에 대한 지지는 유동적이었다. 이런 불안정한 선거구도에서 두 후보는 큰 선거운동 기대효과를 가졌을 것이고, 두 달여의 시간은 선거를 새로운 국면으로 만들기에 충분했다.

노무현은 후보단일화를 한다고 해도 일단 그 시기를 피해야 했다. 노무현은 당시 지지율 분포로 볼 때 단일화 경선에서 이길 가능성도 적었고, 단일화 경선을 어렵게 이긴다 하더라도 이회창을 이긴다는 보장도 없었다. 어찌 되었든 민주당 후보인 노무현은 고정적인 호남 지지층이 있었기 때문에 지지율이 더 낮아질 것이라고 보지는 않았을 것이다. 노무현은 10월 15일 기자회견을 통해 '후보사퇴는 없다'며 후보단일화 가능성을 일축했다.[1] 또 '민주당 후보 자리가 그렇게 가벼운 자리가 아니며, 지지율 등을 근거로 한 어떤 압력으로 인해 후보 자리를 포기할 일은 없을 것'이라며 강하게 후보단일화에 반대했다.

한편 9월에서 10월에 이르는 이 시기에 정몽준의 후보단일화에 대한 입장은 유보적이었다. 정몽준의 입장에서 후보단일화를 하면 승산이 아주 커지지만, 선거운동 기대효과가 큰 상황에서 독자적으로도 해볼 만한 선거였다. 지지율이 노무현보다 높기 때문에 후보단일화를 해도 이길 가능성이 높았지만, 조직 면에서는 정몽준이 밀리기 때문에 경선 방식에 따라서는 정몽준이 질 가능성이 없진 않았다. 더군다나 노무현이 자신에게 불리한 경선 방식을 수용할 리 없었다. 그리고 가능성이 없는 가운데 후보단일화 요구를 하면, 얻는 것도 없이 지지층을 이탈시킬 가능성도 있다. 가령 노무현과 후보단일화를 강하게 요구할 경우 정몽준을 지지하는 보수 유권자들은 이회창으로 지지후보를 바꿀 수 있는 것이다.

민주당 국민경선의 역전드라마로 높아진 노무현을 향한

지지가 점차 사그라들고 월드컵의 성공적 개최로 정몽준의 지지율이 높아지자 양 후보에 대한 후보단일화 요구는 점차 거세졌다. 민주당 일부 의원들이 후단협을 만들어 탈당한 10월 초중순의 시기는 그 정점이었다. 그러나 두 후보 모두 당시 유동적인 선거국면으로 볼 때 대선까지 두 달은 충분히 상황이 바뀔 수 있는 기간이라고 보았다. 그 결과 10월 초중순 시기 후보단일화의 군불은 지펴지기 시작했으나 정작 두 후보는 후보단일화에 적극적이지 않았다.

고착되는 1강 2중 구도, 다급해지는 두 후보

10월 하순에 들어서면서 정몽준의 지지율이 주춤한다. 현대그룹이 북한에 4만 달러를 불법 지원했다는 소위 '북풍'이 불고, 정몽준-자민련-이한동-후단협 4자 연대가 무산되었다. 여전히 정몽준이 노무현에 비해 아직 우세했지만 노무현의 지지율이 상승세를 띄기 시작했다. 이런 지지율 분포와 더불어 후보등록일이 가까워지자 후보단일화는 본격적으로 진행되었다. 11월 9일 양측에서 공식적인 협상을 시작하게 되고 11

월 15일에 후보단일화에 합의한다.

　[표5]에서 보듯이 11월에 접어들면서 선거구도는 1강 2중 구도로 굳어지고 있었다. 이회창의 지지율은 30%대 중반을 안정적으로 유지했지만 좀처럼 압도적 1위로 올라서진 못하고 있었다. '노풍'과 '정풍'은 잠잠해져 지지율이 크게 달라지지는 않았다. 노무현은 느린 속도로 지지를 회복하고 있었고, 정몽준의 지지율은 점차 낮아졌다. 노무현, 정몽준 두 후보 모

[표5] 2002년 대통령 후보 지지도 여론조사　　　　　　단위: %

조사시기 및 조사기관	다자구도 시				노무현 단일화 시			정몽준 단일화 시		
	이회창	노무현	정몽준	태도 유보	이회창	노무현	격차	이회창	정몽준	격차
10/19 (MBC)	31.5	17.3	25.7	21.2	39.0	31.6	7.4	34.1	40.5	-6.4
11/2 (MBC)	35.9	19.0	20.7	18.1	39.9	34.3	5.6	39.1	36.8	2.7
11/9 (MBC)	35.5	19.5	22.7	17.1	41.1	36.1	5.0	38.3	39.2	-0.9
11/17 (동아일보)	34.1	20.5	20.3	20.7	38.0	36.0	2.0	36.0	38.9	-2.9
11/23 (동아일보)	31.7	23.7	23.5	17.5	37.2	40.6	-3.4	33.4	42.1	-8.7
11/24 (MBC)	32.9	23.1	24.4	14.9	37.6	42.3	-4.7	35.2	42.9	-7.7

출처: 저자 작성.

두 구도를 바꾸지 않고는 승산이 거의 없는 상황에 처하게 되었다. 노무현은 간신히 지지율을 반등시켰으나 이회창과의 격차가 컸고, 정몽준은 정풍이 가라앉으면서 독자적으로는 1위 후보로 올라서기 힘들게 되었다.

그리고 여론조사상으로는 후보단일화 시 두 후보 간의 지지이전도 크게 일어나는 것으로 드러났다. 선거가 한나라당-반한나라당 구도로 잡혀가고 있었기 때문이다. 자민련, 이한동 등 보수 세력까지도 반한나라당 측에서 후보단일화를 지지하고 있었다. 지지 이전의 확인은 노무현이 후보단일화에 참여하는 중요한 계기가 되었다.

왜 노무현은 단일화 하루 전까지 단일화를 부정하면서 머뭇거렸을까?

이에 대한 답은 신계륜 의원의 말이 설득력을 갖는다.

"… 이런 상황에서 단일화로 가야 할지 또 다른 요인은 없는 것인지 상황 분석이 제대로 안 돼 머뭇거리고 있었습니다… 굳이 단일화가 아니더라도 좀 더 개혁적이 되라는 국민들의 요구인지 그렇지 않은 것인지 분석이 안 돼 있었기 때문입니다… 단일화가 된다고 해서 실제로 힘을 극대화시킬 수 있는지도 의문이 들었습니다. 혹시 정몽준 때문에 개혁을 바라는 국민들의 요구가 떨어질지도 모른다는 생각이 들었던 것도 사실입니다."

그러던 차에 단일화가 극대화된다는 최종 분석 보고서를 받았다는 것이다…

노무현 후보가 보고 결심했다는 최종 분석 보고서의 결론은 어떤 것이었는지 궁금해진다.

이 부분에 대한 신계륜 의원의 증언이다.

"단일화를 주장하는 최종 분석에는 더 많은 국민들이 이회창이 되지 않기를 바라는 정서가 큰 것으로 나타났습니다. 그래서 '이 정서에 대답을 해야 한다. 이회창은 아무리 발버둥을 쳐도 지지율이 36% 이상을 넘을 수 없다. 그렇다면 나머지 64%의 유권자들에게 뭔가 확실한 답을 해주어야만 한다' 라는 것이 최종 분석의 결론이었습니다."

노무현 후보는 이 보고서를 보고, 11월 3일 서울 발대식에 참가한 뒤에 단일화 제의를 결정했다고 신계륜은 증언한다.[2]

1강 2중 후보구도에서 후보단일화를 하면 서로에게 지지가 많이 옮겨간다는 조사 결과는 노무현, 정몽준 두 후보 모두 후보단일화를 통해 당선 가능성을 크게 올릴 수 있다는 것을 의미한다. 여론조사상으로 두 후보는 후보단일화를 통해

15~20% 정도의 추가 지지를 얻는 것으로 드러나지만, 그에 따른 당선 가능성은 그를 훨씬 상승하는 것이다. 당선 가능성을 정확히 수치화하는 것은 어려운 일이지만 노무현의 다음과 같은 회고는 후보단일화를 통해 얻는 15~20%의 추가 지지가 당선 가능성을 완전히 바꾼다는 것을 보여준다.

11월 10일 전라남도 지역유세를 했다. 언론사 두 곳의 여론조사에서 이회창 후보 지지도가 처음으로 40%를 넘었다. 나는 정몽준 후보에게 근소하게 뒤지는 3위였다. 결단할 때가 온 것이다. 이대로 가면 선거에서 이길 확률은 0%였다. 단일 후보가 될 가능성은 50%에 조금 모자랐다. 일단 단일 후보가 되기만 하면 대통령이 될 확률은 100%에 가까웠다. 복잡하게 계산할 일이 아니었다. 한나라당에 정권을 다시 넘길 수는 없었다. 그보다는 정몽준 씨를 대통령으로 만들어 연립정부를 세우는 것이 낫다고 보았다. 내가 이길 가능성도 아주 없지는 않았다. 정몽준 후보가 원하는 여론조사 단일화를 받아들이기로 결심했다. 민주당 후보라는 작은 기득권에 집착하는 것은 떳떳한 선택이 될 수 없었다.[3]

노무현이 말한 '후보단일화를 통해 당선 가능성이 0%에서 100% 가까이로 바뀐다'는 것은 정치적 수사이지만 그만큼 노무현의 당선 가능성이 후보단일화를 통해 극적으로 상승할 수 있다는 것을 보여준다.

　정몽준의 상황도 비슷했다. 정몽준 역시 후보단일화 없이는 승산이 없으며, 후보단일화를 통해 충분한 지지 이전이 일어난다고 판단했다. 정몽준은 11월 15일 후보단일화 합의를 위한 노무현과의 담판에서 다소 불리한 방법이라고 여겨지던 여론조사 방식을 수용했다. 정몽준은 "1강 2중 구도로 가봐야 2등, 3등 싸움이다. 아무런 의미가 없다. 그럴 바에야 승부수를 던지는 게 낫다"라고 말했다.[4]

　당시 정몽준의 보좌관이었던 정종문 씨는 "당시 모든 여론조사들이 정몽준과 노무현이 합치면 무조건 승리한다고 나왔고, 정몽준으로 단일화하면 더 크게 이긴다고 나왔습니다"라고 이야기했다.[5] 이는 단일 후보로서의 당선 가능성을 독자 후보로서의 당선 가능성보다 압도적으로 높게 본 것이다. 따라서 이러한 조건에서 단일화 승리 가능성이 절반이라고 해도 정몽준에게도 후보단일화는 우월 전략이 될 수 있다.

　두 후보 모두 후보단일화를 통해 당선 가능성을 드라마틱하게 올릴 수 있다고 판단했기 때문에 11월 15일 후보단일화에 전격 합의했고, 정국은 두 후보의 후보단일화에 초점이 맞

쳐지며 이회창의 존재감은 점차 줄어들었다.

단일화 협상의
줄다리기

이제 노무현, 정몽준 두 후보는 모든 걸 걸고 단일화 경선에서 이겨야만 했다. 단일화 경선에서 이길 가능성은 기본적으로 각 후보의 지지율과 조직의 규모에 의해 좌우된다. 단일화 경선에서는 단일화 시기와 방식에 대한 협상에 따라 승리 가능성이 달라진다. 노무현과 정몽준도 수차례의 협상과 한 번의 후보 대담을 통해 후보단일화 방식과 시기를 합의했다.

대등한 후보단일화에 참여하는 두 후보는 지지율과 조직의 규모가 비등하다. 그렇기 때문에 협상 방식에서 조금의 유불리만으로도 각 후보의 단일화 승리 가능성은 크게 달라진다.

그런데 역설적으로 양 후보 모두 최선을 다해 자신에게 유리한 경선 방식을 요구하기 때문에 정작 경선 방식 협상은 후보단일화 성패를 결정하는 주요한 변수는 아니다. 대등한 후보단일화에서 두 후보는 서로에게 인질범인 동시에 인질이 된다. 두 후보는 최선을 다해 자신에게 유리한 방식으로 협상을 진행하면서도 동시에 상대방이 협상에서 떠나지 않도록 해야 한다. 그렇기 때문에 무조건 자신에게 유리한 방식을 고수할 수도 없고, 협상 결과가 만족스럽지 않다고 해서 후보단일화 합의를 파기할 수도 없게 된다.

그 결과 대등한 후보단일화에서 어느 쪽도 승리를 예단하기 어려운 방식으로 합의되게 된다. 결국 두 후보 모두 후보단일화에 참여하기 위해서는 누가 이길지가 불확실해야 한다. 정몽준의 협상단으로 실제 협상을 진행했던 후단협 소속의 김민석 의원은 협상 과정을 다음과 같이 회고한다.

> 사상 초유의 단일화 협상, 이해관계가 치열한 양자 협상의 성패는 양쪽 모두 자기편으로 하여금 해볼 만한 게임이라고 느끼게 만드는 것, 즉 결과를 예측불능으로 만드는 균형창출에 달려 있었다. 그러자면 자신이 대변하는 후보를 안심시키면서 상대방도 희망을 가질 수 있는 팽팽한 진공상태를 만드는 것이 옳았다고 나는 그때나 지금이나 믿는다.[6]

먼저 단일화 시기는 두 후보 사이 지지율 등락의 흐름과 관련이 있다. 당시의 상황은 정몽준의 지지율이 다소 앞서고 있었지만 노무현이 점차 이를 추격하는 상황이었다. 이런 상황에서 노무현은 좀 더 천천히 단일화를 하길 원했고, 정몽준은 하루라도 빨리 단일화를 하려고 했다. 그러나 결국 두 후보가 모두 만족해야 하기 때문에 특별히 어느 한 쪽이 유리하다고 할 수 없는 애매한 시기에 단일화를 하게 된다. 다시 말해 두 후보가 모두 자신에게 여전히 승산이 있다고 여기는 지점은 결국 불확실성이 가장 증대되는 시점, 즉 두 후보의 단일화 승리 가능성이 비등해지는 지점이 된다. 단일화 시기에 관한 노무현 측의 판단을 먼저 살펴보자.

이해찬 의원의 증언은 이 부분이 백미다.

"우리 쪽에서 단일화 제의를 먼저 한 것은 사실 위험성도 있었습니다. 하지만 단일화 합의가 된 뒤 2주 후에 여론조사를 하자고 정 후보 측에 제의했지요. 그 이유는, 내 계산이 맞는다면 그 정도 기간이면 노 후보의 지지율이 정 후보를 누를 것으로 확신했기 때문입니다. 왜냐하면 호남에서는 이회창 후보가 절대로 안 된다는 정서였으니까 여론조사를 한다면 DJ가 소속된 우리당 노 후보 쪽으로 온다는 계산이 섰지요. 물론 노 후보에게는 여론조사에서 지면 깨끗이 승복해야 된다고 말했지만… 노 후보도 그러겠다고 약속했습니다. 그런데 내 계산이 적중했습니다. 노 후보가 정 후보의 지지율을 추월하는 데는 단일화 합의 후 실제로 예상보다 1주나 앞당겨졌으니까요."[7]

단일화 방식 역시도 후보들이 밀고 당기기를 열심히 하다 보면 불확실성이 증대되는 방식으로 결정된다. 노무현-정몽준 단일화에서 단일화 방식 논의는 선거인단 경선이냐 여론조사냐를 두고 다툰 첫번째 단계와 여론조사 방식으로 결정된 이후 여론조사의 구체적 내용과 방식을 두고 진행된 두번째 단계로 나눌 수 있다.

단일화 합의가 되기 전 노무현은 대부분의 여론조사에서 정몽준보다 뒤처졌다. 그렇기에 여론조사 방식은 노무현에게 불리했다. 11월 3일 노무현은 정몽준에게 국민경선 방식의 후보단일화를 제안한다. 국민경선 방식은 자발적으로 선거인단을 모집해 경선을 치르는 방식이다. 기존 민주당 조직과 '노사모(노무현을 사랑하는 사람들의 모임)' 등 열성적인 지지집단을 가진 노무현에게 아무래도 유리한 방식이었다. 이에 대해 정몽준 측은 11월 5일 후보단일화에는 찬성하지만 노무현이 제안한 민주당식 국민경선제가 법적·현실적 문제가 있다고 밝혔다.

정몽준 측은 조직 동원 선거 등을 우려해 국민경선제를

논의 대상에서 아예 배제하자고 주장했다. 정몽준은 여론조사에서 그간 우세를 보이긴 했으나, 국민여론조사의 신뢰성에 의심을 가졌다. 노사모 등이 조직적으로 여론조사에 개입할 것이라고 보았기 때문이다.[9] 그러면서 정몽준은 양측 50 대 50의 대의원 대상 여론조사를 주장했다. 지지율에서 우위에 있다고 판단한 정몽준은 조직싸움을 최대한 피하려고 했다.

11월 9일 단일화 방식을 미정으로 남겨둔 채 단일화 협상 공동발표문이 발표되었다. 그러나 발표문의 잉크가 마르기도 전에 정몽준 측은 협상을 결렬시켰다. 노무현 측의 이호웅 의원이 국민이 참여하는 경쟁적 방식에 합의했다고 말해 국민경선에 합의한 것처럼 기자들에게 발표했다는 이유였다. 며칠간 협상이 잠정 중단되었다. 협상을 다시 재개한 것은 정몽준이었다. 정몽준 측은 먼저 대의원에 일반 국민을 포함시킨 여론조사 방식을 주장했다. 그러나 노무현 측은 이를 거절하고 대의원 모집 없이 100% 국민여론조사로 단일화를 할 것을 역제안했다. 정몽준 측은 이를 거절했으나, 이후 담판을 통해 이를 수용함으로써 국민여론조사 방식이 후보단일화 방식으로 결정되었다. 단일화 협상 중 노무현의 지지율은 차츰 올랐다. 열세에 있던 노무현이 위험을 무릅쓰고 후보단일화를 제안하자 결단력 있는 리더로 비춰진 것이다. 두 후보 간 지지율 격차가 차츰 줄어들자 노무현은 정몽준이 받아들일 리 없는 국민경선 방식을 포기하고 국민여론조사 방식을 정몽준 후보에게 제안한다.

정몽준은 여론이 차츰 자신에게 불리해지자 초조함을 느꼈고, 더 이상 시간을 끌어봤자 유리할 것이 없다는 판단을 하게 된다. 결국 정몽준은 조직 동원의 위험성을 감수하고서라도 국민여론조사 방식을 수용하게 된다.

정몽준은 점차 노무현과 지지율 격차가 줄어들고 있었기 때문에 바로 단일화에 들어가야 했다. 그러나 경선 방식 결정을 두고 협상이 진척을 이루지 못하고 계속 시간이 지연되고 있었다. 정몽준은 직접 담판을 제안했고, 다소 불리하다고 여겨지던 여론조사 방식의 후보단일화를 수용하면서까지 합의를 이끌어낸다.

11월 15일* 밤 10시 30분경, 버스에서 내려 국회본관 계단을 오르는 국민통합21의 정몽준 후보의 얼굴은 굳어 있었다. 수행하던 김행 대변인이 "어떻게 할 거냐"고 물었다.

"담판을 짓겠다. 내가 (후보를) 해야 되겠다. 노 후보에게 물

* 협상이 교착 상태에 빠져 있던 상황.

러나라고 말하겠다."

정 후보는 선선히 답변했다. 김 대변인은 정 후보의 말투에서 '현대식' 밀어붙이기를 떠올렸다… 2시간 뒤, 정 후보는 여론조사를 통한 후보단일화 방식을 전격 수용했다. 정 후보 측근들이 몇 차례나 '불가' 판정을 내린 그 방식을 정 후보가 덥석 받아들인 것이다. 1강 2중 체제가 막을 내리며 새로운 대선구도가 형성되는 순간이었다…

그러나 이런 대의와 명분만으로 결단의 배경을 설명하기에는 뭔가 부족하다. 필시 다른 곡절이 있어 보인다. 그 하나의 흐름이 김 대변인으로부터 출발한다. 여론조사 전문가인 김 대변인은 노-정 회담을 앞두고 최근 업데이트된 각 언론의 여론조사 결과를 분석, 정 후보에게 보고했다. 모든 여론조사 결과 조사 방식을 거둬들이고 노 후보 측의 제안을 수용하더라도 반드시 불리하지만은 않다는 내용을 담은 보고서를 정 후보에게 올렸다는 후문이다. 대의원 상대 조사에 대한 거부감이 강한 노 후보에게 이를 계속해서 요구할 경우 단일화 자체가 깨질 가능성이 강조됐다. 그렇게 되면 최근 회복세를 보이고 있는 지지도가 다시 하락할 수도 있다는 우려도 빠지지 않고 지적됐다는 것이 통합21 측 한 관계자의 설명이다. 결국 승산을 둔 '정면돌파'라는 얘기다.[8]

이처럼 단일화 시기와 방식은 서로 연계되어 단일화 승리 가능성을 구하는 함수를 만든다. 결국 두 후보는 복잡한 계산 속에 두 후보의 함수 값이 비등해지는 시기와 방법으로 경선 방식을 결정했다.

국민여론조사 방식으로 결정된 이후에도 두 후보 진영은 여론조사의 구체적 방법을 두고 처절한 협상을 벌였다. 쟁점은 설문의 표현, 역선택 방지책 등이었다. 양측 협상단은 11월 20일 밤부터 21일 새벽까지 여론조사의 구체적 내용을 협의했다. 우선 쟁점이 된 것은 설문의 표현이었다. 노무현은 '노무현과 정몽준 중에 누구를 더 지지하느냐'는 단순 지지도 문항을 고집했지만 정몽준은 '이회창 후보와 겨뤄 누가 경쟁력이 있느냐'는 대목을 넣고 싶어했다. 긴 논의 끝에 여론조사 설문 문항이 "한나라당 이회창 후보에 '대항할' 단일 후보로서 노무현 후보와 정몽준 후보 가운데 누구를 지지하십니까?"로 만들어졌다. 노무현 측과 정몽준 측의 의견이 절충된 것이다.

소위 '역선택'을 어떻게 방지할 수 있을까도 쟁점이 되었다. 역선택은 이회창 지지자들이 만만한 후보를 선택하는 것을 뜻한다. 정몽준 측은 이회창 지지자들이 노무현을 역선택할 가능성이 있다고 보았다. 이 역시 긴 논의 끝에 양측은 이회창 지지율이 최근 여론조사 최저치보다 낮은 경우 여론조사 결과를 인정하지 않기로 했다.

겨우 문항과 역선택 방지책에 대해 합의했지만 금세 합의는 또 변경되었다. 정몽준은 '경쟁력'이라는 단어를 꼭 넣을 것과 이회창 지지자 중 일부라도 역선택으로 노무현을 뽑았을 가능성이 있는 조사는 아예 배제하자는 것이었다. 사실 협상에서 양측의 대표단이 합의한 사항을 뒤집는 것은 즉 협상 결렬을 의미한다. 일반적인 상황이라면 노무현은 협상 무효를 택해야 한다.

그러나 노무현의 입장에서는 어떻게든 단일화를 하지 않으면 이길 방법이 없었다. 결국 노무현은 정몽준의 수정 요구를 일부 수용한다. 질문 문항을 '이회창 후보에 대항할'에서 '이회창 후보에 경쟁할'로 바꾸는 데 동의했다. 한편 노무현은 역선택 방지 안전장치에 대한 요구는 거절했다.

양측은 여론조사의 아주 작은 부분까지도 이견이 있었다. 그러나 협상은 끝내 깨지지 않고 서로에게 조금씩 양보하면서 진행되었다. 두 후보 모두 후보단일화가 절박했으니 협상 자체를 깨버릴 수가 없었기 때문이다. 이처럼 후보단일화가 반드시 필요하다고 두 후보 모두 인정하는 경우 단일화 협상은 '되는 방향'으로 진행되고, 그 결과 두 후보의 단일화 승리 가능성이 비등해져 단일화 결과의 불확실성이 커지게 된다.

단일 후보 노무현과
정몽준의 지지 철회

노무현-정몽준 후보단일화 과정에서 단일화 패배 후보에 대한 보상은 구체적으로 논의되지 않았다. 두 후보는 자신이 이길 경우 상대방과 '연합정부'를 꾸리겠다고 언급했지만 구체적인 보상을 약속하지는 않았다. 1997년 김대중-김종필 후보단일화에서는 약속이 매우 구체적이었다. 김대중은 김종필에게 어떤 인사권을 주고, 어느 시기에 어떤 방식으로 권력을 이양할 것인지 구체적으로 합의했다. 김민석 의원은 '단일화 협상 과정에서 양측 간에는 패자가 사퇴한다는 것 외에는 어떠한 구체적인 합의도 없었다'고 회고한다.[10] 이는 대등한 후보단일화가 보상이나 공동정부 구성에 대한 목적 없이 각자가 당선 가능성만을 높이려는 이유로 진행될 수 있다는 것을 보여준다.

노무현과 정몽준은 각자 자신이 단일화에서 승리할 경우 최대한 상대 후보의 지지를 자신에게로 옮겨야 했다. 그래서 두 후보는 '후보가 되지 못한 사람이 선거대책위원장을 맡아 단일 후보의 선거 승리를 위해 최선을 다한다', '양측은 공동선거대책위원회를 구성해 선거운동을 함께 해나간다'고 합의했다. 민주당과 국민통합21은 단일화 직후인 11월 29일 정책공조협의회를 열어 '분권형 대통령제' 개헌과 대선 공조체제 구축을 합의했다. 하지만 이를 어떤 보상으로 보장할지 약속하지 않았다. 다시 말해, 단일화에서 진 후보가 선거운동에 참여할 유인을 명확하게 만들지 않았던 것이다

정몽준은 단일화 패배 이후 노무현 캠프의 선거대책위원장직을 맡는 것을 별로 내켜하지 않았다. 정몽준은 단일 후보 자리를 흔쾌히 양보했음에도 노무현으로부터 실질적으로 아무런 정치적 보상 및 권력 배분에 관련된 언질이 없어서 불만을 가졌다.

단일화 경선에서 진 정몽준의 입장에서는 이제 게임이 완전히 달라져버렸다. 정몽준은 더 이상 대통령 후보가 아니기 때문에 본 선거에서는 아무런 이해관계를 갖지 않는다. 이제 정몽준의 선택은 노무현을 얼마나, 어떤 방식으로 지지할지에 대한 것이 된다. 그리고 이를 결정하는 변수는 노무현이 어떤 보상을 약속하느냐다.

정몽준 입장에서는 노무현의 당선이 자신에게 유리할 때, 즉 보상이 있을 때 노무현을 지지한다. 노무현이 보상을 약속하지 않으면 정몽준은 노무현을 지지할 필요가 없다.

정몽준 대표는 깨끗하게 승복은 했으나 원칙의 문제를 놓고 갈등했다. 결과에 승복했지만 '단일 후보가 되지 못한 사람은 선대위원장을 맡는다'는 조항을 과연 지켜야 하는지를 놓고 고민을 한 것이다. 여론조사로 결정하면 당연히 자신이 단일 후보가 될 줄 알았던 정몽준 대표는 무척 괴로워했다. 측근들이 두번째 조항*은 승복을 강조하기 위한 수사에 불과하기 때문에 국민적 구속력은 없다며 노무현 후보를 지원하지 말 것을 주문하기도 했다. 더군다나 정몽준 대표는 단일 후보 자리를 흔쾌히 양보해주었음에도 노무현 후보로부터 실질적으로는 아무런 정치적 보장 및 권력 배분과 관련된 언질이 없었기에 노무현 후보에 대한 불신이 커지기 시작했다.[11]

노무현으로서는 정몽준에 대한 지지를 자신에게로 최대한 이전시켜야 했다. 정몽준이 사퇴하는 것만으로 노무현으로 마음을 바꾸는 유권자들도 있겠지만, 어떤 유권자들은 이회창으로 마음을 바꾸거나 투표를 포기할 수도 있다. 만약 노무현 후보가 전자의 유권자만으로 당선이 가능하다면 노무현이 정몽준에게 보상을 약속할 필요가 없다. 반면 당선을 위해 후

---

* 선대위원장 조항.

자의 유권자가 반드시 필요하다면 정몽준에게 보상을 해 적극적으로 선거운동을 돕게 해야 한다.

이러한 '보상과 지지 이전' 게임에서 노무현의 전략은 이중적이었다. 노무현은 말로는 정몽준을 추켜세웠지만, 구체적인 약속을 최대한 미뤘다. 정몽준을 '국정동반자'라고 지칭했지만, 정작 인사권 등 구체적인 약속을 하라는 정몽준 측의 요구에는 확답을 피했다. 이는 강제력 있는 약속은 하지 않으면서 최대한의 지지 이전을 이끌어내려는 전략이었다.

민주당과 국민통합21은 후보단일화의 정신에 따라 정권을 함께 운영하기로 합의했다. 어디까지나 원칙적이고 추상적인 합의였다. 그런데 정몽준 씨가 유세장에 나오지 않았다. 이해찬 의원과 김원기 고문이 동분서주했지만 소용이 없었다. 그는 권력분점을 확실하게 보장받으려고 했다. 국무총리, 국정원장 등 소위 4대 권력기관장을 포함하여 내각 절반, 그리고 정부 산하단체와 공기업 기관장 절반의 인사권을 요구했다. 그것도 말이 아니라 문서로 보장하라는 것이었다.
이 요구를 거절했다. 서로 믿으면서 정권을 공동 운영하는 것은 단일화 정신에 따라 받아들일 수 있지만, 국가 권력을 물건 거래하듯 나눌 수는 없었다. 한동안 줄다리기를 한 끝에 요구 수준이 낮아졌다. 문서가 아니라면 말로라도 후보가 약속하라고 했다. 이것도 거절했다…

12월 11일 실시한 여론조사 결과를 그다음날 아침에 받아 보았더니 격차가 더 벌어져 10%를 넘게 이기고 있었다. 국민통합21 정몽준 대표가 지원유세를 하지 않아도 이길 수 있다는 낙관적 전망이 나왔다.

12월 13일 국회에서 정몽준 대표를 만났다. 내가 당선되면 5년 동안 국정동반자로서 함께 국가를 운영하면서 국민통합과 정치개혁을 추진하기로 합의했다. 선거를 닷새 앞둔 12월 14일 부산에서 첫 공동유세를 벌였다. 선거는 끝난 것이나 다름없었다.[12]

12월 12일 노무현은 정몽준에게 직접 전화를 걸어 유세 참여를 부탁했다. 13일 두 사람은 회동을 통해 국정동반자로 함께 갈 것을 약속하며 극적으로 선거공조를 이루었다. 그러나 정몽준의 기대와 달리 그 이후에도 노무현은 구체적 보상을 약속하지 않았다. 정몽준의 지원유세가 있으면 좋지만, 없어도 당선이 가능하다고 예상했기 때문이다. 정몽준은 당시의 상황에 대해 다음과 같이 회고한다.

무슨 이유에서인지 명동에 도착할 때부터 노 후보는 약간 흥분하고 들떠 있었다. 마치 대통령이 다 된 것 같은 분위기였다.

"여러분, 내일이면 우리가 승리한다고 합니다."

이렇게 시작했던 것 같다. 이게 다 누구 덕이냐, 돼지저금통 덕이다, 이런 말도 이어졌다. 이어서 민주당 국회의원들의 이름을 일일이 거명했다. 하지만 단일화 효과나 공조에 대해선 단 한마디도 꺼내지 않았다. 옆에서 나는 민망함을 느꼈다.

노 후보는 한미 관계를 언급하면서 그동안 우리 쪽과 합의한 기본원칙을 완전히 뒤집었다… 아, 이 사람이 당선이 유력해지니까 달라지는구나, 하는 배신감이 들었지만 일단 참았다… 나는 노 후보와 함께 단상으로 걸어갔다. 공동 유세를 하는 지난 일주일 동안 양쪽의 불문율은 단상에 두 사람만 올라간다는 것이었다. 그런데 이번에는 청중 사이에 마련된 사진촬영용 미니 단상에 노 후보가 정동영 의원을 데리고 올라갔다. 좁은 단상에 세 사람이 서게 되었다. 단일화와 공동 정부를 나타내는 나와 노 후보 두 사람의 협력 모습은 사라지고 노 후보를 양 옆의 두 사람이 떠받드는 이상한 모양이 연출됐다…

저녁식사를 하기 위해 우리 일행은 우래옥으로 향했다. 이동하는 버스에서 고민에 빠졌다. 태양이 두 개일 수 없듯이 권력은 나눠가질 수 없다는 것을 나도 잘 알고 있었다. 공조를 하기로 했을 때, 집권할 경우 안보는 내가 맡고 인권 변호사였던 노 후보는 복지와 같은 국내 문제를 맡으면 좋겠다고 막연히 생각했지만, 사실 외교 안보는 대통령의 몫이었다. 나도 그걸 모르지 않았다. 권력의 속성으로 보아 노 후보가 언젠가는 이렇게 나올 가능성도 생각하고 있었다. 그러나 그 정도일 줄은 몰랐다.[13]

오늘의 동지가 내일의 적이 될 수 있는 정치의 속성상 구체적이지 않은 정치적 언설은 실제로 지켜질 약속이라고 볼 수는 없다. 이미 아주 구체적인 약속이었던 1997년 김대중-김종필의 내각제 개헌 합의조차 이행되지 못한 것을 두 후보는 알고 있었다. 노무현은 선거가 막바지에 다다르자 재벌개혁, 대북정책, 차기 대권 후보 등 정몽준 후보에게 예민한 문제를 지속적으로 공개적으로 제기했다.

정몽준은 선거 전날 밤 갑작스레 노무현에 대한 지지를 철회했다. 이에 놀란 노무현은 급히 정몽준을 설득하러 그의 집으로 달려갔다. 12월 추운 날씨에 정몽준의 집 앞에서 한참을 기다렸지만, 결국 정몽준을 만나지도 못했다. 하지만 오히려 이런 노무현이 안쓰러워서 투표했다는 유권자들도 꽤 많았다.

정몽준의 갑작스런 지지 철회는 노무현으로서도 예상하지 못한 것이었다. 그러나 한편으로 노무현은 정몽준이 선거운동을 돕지 않을 위험성을 염두에 두고 선거운동을 진행한 것이라고 볼 수 있다. 결국 정몽준의 지지 철회에도 불구하고 노무현은 대통령으로 당선되었다.

양보하는 후보단일화 ❷

보상 협상의 난관

후보단일화 보상은 생각만큼 쉽지가 않다. 두 후보가 후보단일화를 위한 협상 테이블에 앉았다면, 어쨌든 두 후보는 이 협상을 통해 서로 만족할 만한 보상을 주고받을 방법이 있을 것이란 기대가 있는 것이다. 그러나 이때의 보상은 현금과 같이 쉽게 나눌 수 있는 수단으로 진행되지가 않는다. 후보단일화에 대한 보상은 공직임명권 등 권한 분할, 개헌 등의 권력구조 재편, 정책 수용 등 특정한 정치적 가치의 수여 등으로 이뤄진다.

그런데 후보단일화를 통해 대통령의 권력을 두 후보가 7 대 3으로 나누자고 합의한다고 하더라도, 대체 그걸 어떻게 나눈단 말인가? 서로 이 정도 주고받으면 되겠다는 공감이 있더라도, 그 값에 적당한 정치적·제도적 방법이 없을 수도 있다. 특히 한국의 대통령제는 유난히 승자독식 구조가 강하기 때문에 권력의 분할이 수월하지 않다. 따라서 후보단일화를 통해 권력을 나누어 갖고자 하더라도 나눌 수 있는 적절한 방안이 없어서 협상이 무산되기도 한다. 대통령 선거는 아니지만 2010년 서울시 교육감 선거에서 곽노현 후보가 단일화에 대한 보상으로 다른 후보에게 금품을 주어 유죄를 받았던 사건은, 후보단일화 협상 과정에서 금품을 배제하면 보상 방안이 마땅치 않다는 것을 보여주는 것이기도 하다. 이후 2007년 대선에서 정동영-문국현 단일화 협상 결렬을 살피며 좀 더 구체적으로 살펴볼 것이다.

마지막으로 보상과 관련해 살펴야 할 것은 보상이 어떻게 이뤄질지 보장하느냐의 문제다. 화장실 들어갈 때와 나올 때 마음이 다르다고, 단일화 협상 과정에서 굳게 약속을 해도 대통령이 되고 나서 마음을 바꿀 수도 있기 때문이다. 특히 한국에서는 제도적으로 대통령 개인에게 많은 권한이 쏠려 있고, 의회의 정부해산권이나 탄핵권이 제약되어 있기 때문에 약속을 안 지킨다 하더라도 마땅히 강제할 방법이 없다.

따라서 양보하는 후보 입장에서는 약속 이행이 잘 안 될 경우를 고려해 훨씬 큰 보상을 주장하거나 당장의 보상을 요구할 수도 있다. 이 경우 보상 협상은 더욱 제약빈세 되고, 협상의 성사는 더욱 어려워진다.

권력을 쪼개는 방법: 권력 구조 및 권력 배분

후보단일화는 정치적·법적 권력 구조에 따라서도 달라진다. 어떤 종류의 선거연합이든 항상 선거 제도와 권력 구조에 영향을 받는다. 또 같은 단순다득표제-대통령제라고 하더라도 구체적인 권력 구조의 형태에 따라 후보단일화의 양상은 달라질 수 있다. 가령 대통령제하에서 총리의 역할이 어느 정도인지, 국회의원을 장관으로 임명할 수 있는지, 지방자치의 권한 등에서 대해서도 대통령의 권한을 나누는 방법이 달라지기 때문이다.

정치관련법 등 법적 요소와 더불어 정당 구조, 정당 규율, 정치적 안정성, 정치적 관습 등의 정치적 요소에 의해서도 달라진다. 또한 연임과 관련한 제한도 단일화 협상에 중요한 변수다. 대통령의 권한 분할이 법적으로 보장 가능하고 정치적으로도 인정받을 수 있다면 보상 협상은 좀 더 용이할 것이다. 그러나 승자독식의 제도와 정치문화에서 대통령의 권한 분할을 보장하는 것은 쉽지 않다.

또한 개헌, 입법, 예산 등 정책적 요소의 보상이 관건일 경우, 의회의 의석 분포 또한 중요한 변수가 될 수 있다. 후보를 양보 받은 단일 후보의 정당이 단독으로 의사 정족수를 넘길 수 있다면, 대통령이 된 후 의회의 제약도 받지 않게 되어 약속을 지키지 않을 가능성이 크다. 반면 두 후보의 정당이 협력했을 때만 의회 과반수를 만족한다면, 대통령 임기 내에도 의회의 도움을 받아야 하기 때문에 약속을 지킬 가능성이 상대적으로 크다. 또한 단일 후보의 정당과 또 다른 제3정당이 힘을 합쳐 과반을 확보하는 등 의회 내에서 다른 방식의 연합이 가능할 경우에도 배반의 가능성은 있다. 반대로 두 정당이 힘을 합쳐도 과반수에 못 미친다면, 대통령이 된 단일 후보가 약속을 지키고 싶어도 못 지킬 가능성이 크다.

단일 선거인가, 선거구가 많은 선거인가: 선거의 종류

보상 협상은 선거의 종류에 따라서도 다른 양상으로 진행된다. 선거에 따라 선출되는 직책과 선거구의 수, 종류가 다르기 때문이다. 우선 직책에 따르면, 대통령, 자치단체장 등 행정부의 대표를 뽑는 선거에서는 비교적 용이하게 당선 효용을 나눌 수 있다. 내각 등 인선에 반영할 수 있고, 정책사항 역시 협의를 통해 진행할 수 있기 때문이다. 1997년 대선의 김대중-김종필 사례에서 보듯이 권력 구조 자체를 바꾸는 경우도 있을 수 있다. 반면 국회의원, 지방의원 선거에서처럼 입법부의 의원을 선출하는 경우 당선 효용을 분할하는 것은 쉽지 않다. 의원 하나하나가 갖는 입법기구로서의 역할은 타인에게 이양할 수 없는 권한이기 때문이다.

선거구의 수와 층위 또한 보상 협상에서 중요한 변수다. 대통령 선거와 같은 단일 선거구 선거의 경우 정당 간의 협상을 통해 선거구를 나눠갖는 협상이 불가능하기 때문에 보상이 한정된다. 반면 국회의원 선거, 지방선거에서는 정당 간의 후보조정을 통해 선거구를 겹치지 않게 하는 방식으로 협상이 용이해질 수 있다. 특히 지방선거에서처럼 여러 층위의 선거가 동시에 이뤄지는 경우 큰 단위의 선거를 양보하면서, 작은 단위의 당선 가능성을 높이는 등의 다양한 협상이 가능해진다.

2007년

문국현
정동영

4

후보단일화 실패는
어떤 결과를 초래하는가

2007년 대통령 선거는 직선제 개헌 이후 가장 싱거운 선거였다. 서울시장 출신의 이명박은 초반부터 여유 있게 선두를 지켰고 나머지 후보들은 선거 내내 지지부진했다. 이명박의 압도적 우위하에서 정동영은 문국현과의 단일화가 절대적으로 필요했다. 이명박을 이길 다른 방안이 없었다. 진보개혁 세력의 시민사회는 두 후보의 단일화를 강력하게 촉구했고, 많은 언론들도 단일화를 당연시했다.

그러나 끝내 후보단일화에 실패했다.

후보단일화만이 유일한 돌파구인 상황에서도 왜 두 후보는 후보단일화에 실패했을까?

아직 선거운동 기대가 있던
선거 초반

이명박은 한나라당 당내 경선에서 박근혜와 접전을 벌였지만 본선에서는 여유로운 선거를 치렀다.

마땅한 이명박 대항마가 없는 상황에서 후보들은 오히려 난립했다. 2007년 대통령 선거에서는 이명박 당선자 외에도 정동영, 이회창, 문국현, 권영길, 이인제 등 나름의 지지기반을 가진 후보들이 출마했다. 다양한 형식의 후보단일화가 논의되고 시도되었으나 어떤 조합으로도 확실하게 당선되는 조합이 나오지 않았다. 실제로 이뤄진 단일화는 이회창과 심대평의 충청권 단일화뿐이었고 이것도 선거 결과에 큰 영향을 끼치지는 않았다.

유한킴벌리 CEO였던 문국현은 새로운 정치와 일자리 창출을 내걸고 정치에 도전한 신인이었다. 문국현은 처음부터 범여권 후보로 분류되었고, 선거 초반부터 여당인 대통합민주신당(이하 민주신당) 정동영과 창조한국당 문국현 두 후보 모두 후보단일화를 당연시하는 것처럼 보였다. 문국현은 9월 5일 기자간담회에서 '(범여권 후보와의 단일화) 가능성이 99%라고 생각하며 투기 세력을 허용하지 않겠다는 뜻이 같은 분들과의 정치적 연대를 두려워하지 않는다"고 말했다.

정동영은 노무현 정부의 통일부 장관 출신으로 민주신당의 대선 후보로 선출되었다. 그러나 노무현 정부에 대한 박한 평가 분위기와 맞물려 여권의 지지율은 매우 낮았다. 독자적으로 당선이 어렵게 되자 정동영 역시도 후보단일화에 기대를 걸었다. 정동영은 후보 경선 과정에서 "대통령 선거 한 달 전인 11월 19일까지 민주당, 그리고 문국현 후보와의 단일화를 이루겠다"고 했다.

정동영과 문국현이 적절한 시점에서 단일화하는 것은 당연해 보였다. 범여권의 여론을 좌지우지한 김대중 전 대통령 또한 9월 27일 MBC와의 인터뷰에서 "민주신당의 후보와 민주당 그리고 문국현 씨와 단일화가 되도록 해야 한다"고 밝혔다. 투표 직전까지 정동영은 지속적으로 문국현에게 단일화를 요구했고, 시민사회에서도 두 후보의 단일화를 강력하게 요구하는 목소리가 많았다. 그럼에도 불구하고 두 후보는 끝내 단일화 하지 못했고, 이명박은 낙승했다. 모두가 당연히 예상한 후보단일화를 정동영과 문국현이 하지 못한 이유는 무엇일까?

2007년 대통령 선거 국면을 각 후보들의 출마 선언과 당내 경선이 진행된 9월부터 11월 초까지를 선거 기간 초반, 모든 후보가 확정된 11월 중순부터 선거일까지의 시기를 선거 기간 후반으로 구분해보자. 각 시기에 따라 후보들의 예상지지와 선거운동 기대효과가 달라진다. 선거가 가까워질수록 이미 지출된 선거 비용 역시 커진다. 2007년 대통령 선거는 전반적으로 이명박 후보가 수위를 유지하는 가운데에서 진행되었지만, 시기에 따라 후보들의 당선 가능성은 조금씩 달라졌다

[표6]에서 볼 수 있듯 선거 초반에도 이명박은 우위에 있었다. 하지만 정동영은 당내 경선 승리로 상승세에 있었고, 문국현 역시도 출마 선언 이후 지지율이 오르고 있었다.

이러한 상황에서 후보단일화에 대한 두 후보의 계산은 어

[표6] 2007년 대통령 후보 지지율   단위: %

후보 / 조사일	9월 17일	10월 6일	10월 17일	11월 3일
권영길	3.1	3	2.5	3.2
문국현	4.4	5.5	6.8	7.3
이명박	50.5	53.3	55.8	54.6
이인제	0.9	1.2	5.1	2.4
이회창	-	-	-	-
정동영	10.2	10.5	15.5	16.2

출처: 동아일보, KRC 여론조사.

떨까? 정동영의 경우, 어느 정도 올라간다 해도 이명박과의 지지율 격차가 워낙 크기 때문에 독자 후보로서는 당선이 어렵다. 하지만 본인과 문국현을 포함한 야권의 지지율이 상승하고 있고 특히 문국현 열풍이 부동층을 어느 정도 흡수해준다면 야권지지가 더 늘어날 것이란 예상을 할 수 있다. 단일화를 해서 문국현 표를 흡수하면 해볼 만한 판이 된다.

그래서 정동영으로서는 꽤 큰 보상을 주고라도 문국현과 힘을 합쳐야 했다. 정동영은 경선 과정에서부터 문국현과의 단일화를 적극적으로 주장했으며, 11월 5일 부패한 한나라당에 맞선 연대라는 뜻의 '반부패미래사회연대'를 제안해 문국현과의 단일화를 공식적으로 제안했다.

문국현의 입장에서 후보단일화의 득실을 따져보자. 이명박, 정동영과 다르게 정치 신인인 문국현은 자신의 지지율 상승에 대한 기대가 유독 컸다고 볼 수 있다. 문국현은 출마 직후인 9월 10일 CBS와의 라디오 인터뷰에서 다음과 같이 밝힌다.

정치 고수라는 분들이 10년씩 활동하면서 아직 지지도가 1%, 2%도 안 되는데 저는 1~2주 만에 3%를 넘었지 않습니까. 그렇기 때문에 정치 고수들의 의견도 듣긴 들어야 되지만 너무 모든 것을 정치공학적으로 보지 말고 이제는 민심을 좀

　　문국현은 독자 후보로서 본인의 당선 가능성이 낮지만, 지지율을 크게 올릴 기회가 있을 것이라 생각했다. 이런 기대가 있으면 후보단일화에 참여하기 어렵다. 왜냐하면 후보단일화를 하든, 독자 출마를 강행하든 일단 자신의 지지율을 최대한 부풀려놓고 계산을 하는 게 어떤 경우에도 유리하기 때문이다. 따라서 선거 기간 후반에 후보단일화를 하는 것이 문국현에게는 유리했다. 정동영은 문국현의 도움 없이 지지율을 갑자기 끌어올릴 방법이 딱히 없었으므로 필요하면 언제든지 단일화를 할 수 있었다.

　　실제로 2002년 대통령 선거에서 다크호스로 등장한 정몽준의 경우 지지율이 급등하면서 노무현과 대등한 후보단일화를 하기도 했다. 문국현의 경우 자신도 정몽준처럼 되지 않으리란 보장이 없었다. 특히 나의 선거운동 경험으로 볼 때, 선거에 처음 출마하는 정치 신인들은 후보 스스로 갖는 선거운동 기대효과가 기존 정치인들에 비해 훨씬 크다. 기대효과가 없다면 애초에 정치에 도전을 안 했을 것이다.

　　이러한 두 후보의 조건하에서 11월 5일 정동영이 제안한 '반부패미래사회연대'는 끝내 성사되지 못했다. 이와 관련해 후보단일화를 주도했던 당시 민병두 대통합민주신당 전략기획본부장은 기자간담회를 통해 다음과 같이 진행사항을 밝혔다.

문 후보와 단일화 부분에 대해 맨 처음에는 우리가 논의한 계기는 반부패미래사회연대 제안 시점이다. 문 후보는 역제안, 혹은 수정제안 하겠다고 했다. 내용은 삼성 비자금 특검을 중심으로 문 후보가 제안하고 이니셔티브 잡는 방식으로 해주면 좋겠다고 했다. 그러면 신뢰 쌓여 단일화 논의 성심성의껏 임할 수 있다며. 그래서 우리는 삼성 특검 의미 있었고, 반부패연대도 의미 있어서 흔쾌히 수용했다. 물론 그 과정에서 복잡한 논의 있어서 1~2주 시간 끌었지만 결과적으로 삼성 특검 관련해 미래연대 대해선 흔쾌히 동의했고, 다른 후보도 동의하면서 성과냈다. 그러나 이후 과정에 대해서는 신의성실원칙에 따라서 문 후보가 후속조치 해야 하나 그러지 않았다. 문 후보 진영 내에서도 많은 논란 있었던 것 같다. 단일화파는 전격적 후보 회동, 2~3주 전 TV토론, 공동유세, 유세차 이용한 공동토론 제안해 수용할 수 있나 해서 우린 수용입장 밝혔다. 그런데 그쪽 내부에서 단일화 문 후보가 거부함으로써 진행 안 됐다.[2]

문국현은 반부패미래사회연대를 통해 삼성 비자금 특검과 관련한 주도권을 쥐고자 했다. 바로 본격적인 후보단일화 협상으로 들어가기보다는, 시간을 갖고 정국을 이끌어 자신의 지지율을 올리려 한 행동이다. 문국현은 지지율 상승을 통해 조금 더 자신이 유리한 입장에서 후보단일화를 진행하려 한 것이다. 이렇게 본격적으로 후보단일화 논의를 하지 못한 채 선거 초반이 지나갔다.

다급해진 민주진보개혁 세력, 후보단일화를 서두르지만

문국현의 지지율은 최고 8.2%까지 올라갔지만 기대와는 달리 투표일이 가까워져도 도통 두 자릿수로 올라가지 못했다. 비슷한 경우인 2002년의 정몽준, 2012년의 안철수에 비해서 낮은 지지율이었다.

정동영도 고전하기는 마찬가지였다. 경기 침체에 대한 여당의 책임론이 너무나 거셌다. 경선에서 승리한 후 여론조사에서 지지율이 16.2%까지 올랐지만, 그 시점 이후 정동영의 지지율은 좀처럼 15%를 넘어서지 못했다. 정동영의 고향이자,

[표7] 2007년 대통령 후보 지지율

단위: %

후보 / 조사일	11월 10일	11월 17일	11월 24일	12월 1일	12월 8일	12월 12일
권영길	3.7	3.1	4.6	2.8	3.3	2.5
문국현	6.1	8.2	7.0	5.4	6.3	7.1
이명박	41.2	40.4	37.1	35.7	41.4	40.2
이인제	2.1	2.1	1.8	0.7	0.8	0.7
이회창	21.9	18.6	18.5	17.6	13.2	12.4
정동영	13.0	14.1	14.0	12.6	14.2	15.1

출처: 동아일보, KRC 여론조사.

민주당의 전통적 지지기반인 호남을 제외하고는 극도로 낮은 지지율이었다. 이렇게 선거 초반의 선거운동 기대효과는 맥없이 사라지고 어느덧 투표일이 점점 더 다가오고 있었다.

선거 후반 들어 보수 성향의 이회창이 출마해 이명박의 표를 분산시키기는 했으나 여전히 이명박의 압도적인 우위가 지속되었다. 정동영과 문국현의 지지율은 11월 초 이후 계속 답보했다. 남은 선거운동 기간이 점차 줄어들고, 마땅한 선거 이슈를 만들지 못해 선거운동 기대효과는 갈수록 낮아지게 된다.

정동영은 더욱 적극적으로 후보단일화에 나섰다. 이회창이 출마하여 보수 표를 분산시켰기 때문에 그래도 후보단일화만 성사된다면 가능성은 있는 싸움이었다.

　그래도 승산이 크진 않았다. 12월 13일 여론조사에서 후보단일화 성사 시 지지후보에 대해, 이명박 41.7%, 정동영 21.1%, 이회창 13.9%, 권영길 3.9%, 모름/무응답 19.3%의 결과가 나왔다.[3] 후보단일화를 하더라도 이명박의 압도적 우위가 유지 된다는 것이다.

　그러나 정동영의 입장에서 이명박과 일대일 구도를 만들면 부동층을 흡수할 수 있다는 기대를 할 수 있다. 게다가 사표방지심리로 다른 후보의 지지자들도 끌어올 수도 있다. 집권 여당의 후보였지만 이명박과 워낙 큰 지지율 차이가 나서 민주 세력의 대표 후보로 여겨지지 않던 정동영으로서는 후보단일화가 절실했다. 무슨 보상을 해서라도 후보단일화를 해야 했다. 정동영은 "원하는 모든 것을 주겠다"고 공언했다.

　정동영은 여러 차례 문국현과의 단일화를 시도했다. 12월 4일에는 진보개혁 세력 시민사회의 주재하에 양 진영은 단일화를 논의했다. 12월 12일에는 시민사회를 대표해 함세웅 신부가 정동영, 문국현 두 후보와 3자담판을 가졌으나 합의에 다다르지 못했다. 12월 13일부터 선거 직전인 18일까지도 막판 단일화를 위해 정동영은 동원할 수 있는 모든 방법으로 문국현에게 후보단일화를 압박했으나 성사되지 않았다.

이런 많은 시도에도 왜 후보단일화는 성사되지 않았을까? 문국현은 후보단일화와 관련해 진퇴양난에 빠졌다. 여전히 이명박의 당선 가능성이 압도적으로 높은데, 별로 당선될 것 같지도 않은 정동영을 위해 선거를 포기해야 하는가? 독자 출마를 유지해 선거를 완주하면, 아주 낮은 확률일지라도 어떤 기적에 의해 당선이 될지도 모르는 일이다. 하지만 후보를 사퇴하면 그냥 그 자체로 선거는 끝이다. 또한 선거를 본격적으로 진행하면서 이미 지출한 비용 또한 많아졌다. 공직선거법에 따라 문국현이 여론조사보다 조금 더 선전해 10% 이상의 득표를 하면 선거 비용의 상당 부분을 돌려받을 수 있지만, 후보 사퇴를 하면 그간 들인 비용은 전혀 돌려받을 수 없었다. 반면 문국현의 지지율이 답보하면서 현실적으로 독자 후보로서의 당선 가능성이 거의 없어진 상황이었다. 이 상황에서 독자 후보를 고수하는 것은 도박에 가까웠다.

이런 상황에서 문국현은 후보단일화에 대해 일관성 없는 태도를 보였다. 11월 21일 내일신문과의 인터뷰에서 "'죽음의 키스'와 같다"[4]라고 말하며 후보단일화를 하지 않겠다는 의사를 밝혔다. 그리고 이후 같은 맥락의 말을 유세와 인터뷰를 통해 여러 차례 반복했다. 그런데 동시에 12월 4일 국회 정론관에서 열린 기자회견에서는 "저희 둘의 출마로 인해 부패한 과거 세력의 집권을 막지 못한다면 이 역시 역사의 잘못이 될 것”이라며 후보단일화의 필요성을 역설하기도 했다. 또한 12월 7일의 후보단일화 협상에 실무진을 보내고, 12일 3자담판에는 직접 후보단일화를 논의하러 가기도 했다.

3자담판의 결렬 이후 14일에는 기자 간담회를 통해 ‘19일까지 지지자들과 포기하지 않고 예정된 길을 가겠다’고 밝혔다. 하지만 곧 16일에는 다시 후보단일화 협상에 나서기도 했다. 정동영과 문국현의 후보단일화는 선거 전날인 18일까지 계속 논의되었다. 이처럼 선거 기간 후반의 문국현의 후보단일화에 대한 태도는 수시로 바뀌었다. 이런 문국현의 우왕좌왕은 후보단일화에 대한 진퇴양난의 상황을 보여준다.

하지만 막판까지 이어진 협상에도 불구하고 결국 문국현은 사퇴하지 않고 선거를 완주한다. 문국현은 137만 표, 5.8%의 여론조사보다 못한 득표를 했다. 정동영은 617만 표, 26.14%의 득표로 여론조사 때보다는 훨씬 높은 지지를 받았다. 민주당 지지 성향의 부동층 유권자들이 결국은 그래도 정동영을 선택한 것이다. 그러나 1,114만 표, 48.67%의 득표로 당선된 이명박에 비해서는 크게 뒤지는 것이었다. 민주진보 세력은 제대로 도전 한번 해보지 못하고 맥없이 선거에 지고 만다.

왜 문국현은
후보단일화를 거절했나

후보단일화를 하려는 두 후보 간 지지율 차이가 명확한 상황에서 지지율이 낮은 후보가 사퇴하는 후보단일화를 앞서 '양보하는 후보단일화'라고 했다. 양보하는 후보단일화에서 사퇴하는 후보는 보상을 바란다. 그런데 이 보상은 양보받은 후보가 이길 수 있을 것인가, 이기고 나서 약속을 지킬 것인가 하는 두 가지 문제가 있다. 정동영은 문국현에게 줄 수 있는 모든 보상을 주고라도 후보단일화를 이루려고 했지만, 정동영의 당선 가능성과 약속 이행의 보장 정도는 모두 매우 낮았다.

단일화를 위해 정동영은 공동정부를 같이 하되 문 후보의 가치를 실현할 수 있는 책임(직책)을 맡도록 모든 조치를 하고, 문 후보 측 정치 세력이 차기 총선에 원내에 진출하도록 조치하고, 시민사회 원로들이 이 사항을 보증하겠다고 제안했다.[5]

이 제안이 담고 있는 보상은 대통령이 가진 권한 중 극히 일부분에 불과하다. 문국현에게 줄 수 있는 최고의 직책은 '국무총리'다. 하지만 헌법상 총리의 임명권이 대통령에게 있기 때문에 대통령의 권한에 도전하기 쉽지 않다. 또한 총선은 국민의 선택이지 정치인들끼리 약속할 수 없는 사안이다. 약속 이행의 보장과 관련해서도, 시민사회의 보장 이외에 강제력 있는 보장수단이 없었다.

1997년 김대중-김종필 단일화와 비교하면 보상이 턱없이 낮은 것임을 알 수 있다. 김대중은 김종필의 후보 사퇴를 조건으로 당대표, 총리, 내각제 개헌을 약속했다. 그리고 국민회의와 자민련의 합당을 통해 의회 과반수를 만들어 이를 보장하고자 했다. 두 당의 합당은 지지자 및 당원들의 반발로 실제로 이뤄지지는 않았지만 김대중은 비가역적인 보장을 하려고 한 것이다. 무엇보다 당시 김종필의 손을 잡은 김대중의 당선 가능성은 정동영-문국현 연대에 비해 아주 높았다. 권력분할의 정도와 구체성, 약속 이행의 보장 정도, 당선 가능성 세 가지 변수 모두 1997년 김대중-김종필 연대가 2007년 정동영-문국현보다 훨씬 높았고, 따라서 1997년에 가능했던 후보 양보가 2007년에는 실패한 것이었다.

이 제안은 정동영이 제안할 수 있는 최대한의 것이었다. 일단 지지율에서 앞서는 정동영이 후보직 자체를 문국현에게 양보하는 상황은 있을 수 없다. 설사 정동영이 순수한 마음으로 이명박의 당선을 막기 위해 문국현에게 후보를 양보한다고 하더라도, '단일 후보 문국현'의 당선 가능성은 정동영보다 더 낮았다. 문국현으로 단일화 된다면 호남권 지지를 상당 정도 이탈시킬 가능성이 있기 때문이다.

하지만 후보 사퇴와 정동영의 제안 사이에 '적절한 수준'의 제안은 존재하기 어렵다. 승자독식 구조인 한국 대통령제 하에서는, 1997년 김대중-김종필 단일화 사례에서처럼 개헌을 약속하지 않는 이상 권력분할은 매우 제한적이다. 게다가 1997년에 비해 2007년 대통령제는 훨씬 굳어졌으며 개헌을 할 마땅한 명분도 없었다. 그리고 개헌을 한다 해도 의석 등 정치적 자산이 없는 창조한국당과 문국현에게 권한을 줄 수 있는 방법은 마땅히 존재하지 않았다.

마찬가지로 시민사회의 보장 외에는 약속 이행을 보장할 방법도 없었다. 1997년의 김대중-김종필의 사례에서는 두 후보의 정당을 합치면 제1당이 되고, 두 후보가 각 정당의 수장이었기 때문에 개헌을 하리란 약속을 어느 정도 믿을 수 있었다. 그럼에도 불구하고 실제로는 의회의 반대에 부딪혀 개헌은 진행되지 않았다. 2007년의 사례에서는 정동영이 개헌을 통해 문국현에게 권한을 나누려해도 과반의석이 되지 않았고, 곧 다가올 2008년 총선에서 의석 분포가 크게 달라질 수도 있었다.

정동영은 후보직 외의 모든 것을 양보하고서라도 후보단

일화를 하고자 했고, 문국현은 일정한 보상을 받고 후보단일화에 응할 수도 있었지만, 2007년 대통령 선거에서 정동영-문국현 단일화는 적절한 보상의 정도를 합의할 수 있는 정치적·제도적 조건이 부재했다. 따라서 두 후보 모두 후보단일화의 필요성을 인정했지만 결국 보상 협상 과정에서 단일화가 결렬되었다.

당선 가능성이 치솟는 '박빙 구간'

A>B, A>C, A<B+C

대선에 나온 세 후보를 각각 A, B, C라고 하고, A후보가 현재 지지율 1위라고 해보자. 그럼 후보단일화는 A후보가 B후보, C후보 각각보다는 높은 지지율이 나올 것이라고 예상되지만, B후보와 C후보의 지지율을 합친 것보다는 낮을 것이라고 예상되어야만 후보단일화가 시작될 수 있다. 다시 말해 A후보가 어떤 경우에도 과반의 안정적인 지지를 얻을 것이라고 예상된다면 후보단일화 논의는 시작되지 않는다.

매 선거는 처음 겪는 사건이기 때문에 후보들도 정확하게 예상할 수는 없다. 귀납적 확률추론이 불가능하다는 것이다. 어떤 사건이 같은 조건에서 반복적으로 일어날 때, 우리는 미래에 대한 기대치를 비교적 정확하게 예상할 수 있다. 가령 주사위를 던져보지 않아도, 우리는 6이 나올 확률이 ⅙이라는 점을 안다. 반면, 객관적인 자료가 상당히 있다 하더라도 딱 한 번 일어나는 단일사건에 대해서는 정확한 예측이 쉽지 않다. 가령 경마가 그렇다. 우리는 각 말의 전적과 객관적인 능력을 알고 있지만, 경마의 결과를 항상 맞힐 수는 없다. 그러니까 경마가 도박으로서의 역할을 할 수 있는 것이다.

후보들은 나름의 근거를 갖고 선거 결과를 예상해보지만 항상 잘 맞지는 않는다. 선거에는 수많은 변수가 영향을 미치기 때문에 선거에서의 지지율 분포를 미리 예상하는 것은 사실상 불가능하다. 아마 역대 대선에서 가장 크게 오판을 한 후보는 1987년의 김대중일 것이다.

후보는 언제나 낙관한다: 선거운동 기대효과

나도 이러저러한 선거운동 캠프에서 스태프로 참여할 기회가 있었다. 당선된 적도 있고 아깝게 진 경우도, 터무니 없이 큰 차이로 진 경우도 있다. 가장 적게 득표를 한 것은 1.61%를 받은 것으로, 당선자와는 46.82% 차이가 났다. 물론 처음부터 당선을 목표로 출마한 후보는 아니었다. 그런데 선거운동을 진행하면서 후보와 캠프에서는 어쩌면 당선될지도 모른다는 묘한 기대가 생기기 시작했다. 선거운동에 사람들이 반응하기 시작했고, 소위 '공기가 달라졌다'는 것이다.

후보들은 일반적으로 낙관적 전망을 갖는다. 왜냐하면 각 후보는 자신이 생각하기에 가장 효과적인 선거 전략을 구사하기 때문이다. 모든 선거 전략은 지지율을 올리기 위한 것이다. 그 전략에는 이미 선거운동에 대한 기대가 포함된다. 앞에 언급한 선거 외에도 후보는 선거운동을 하다보면 흔히 우리는 점차 나아질 거라 생각한다. 외부에서 볼 때 터무니 없는 선거 전략으로 표를 까먹는 선거운동을 하고 있더라도 말이다.

후보단일화는 후보들이 기대하는 주관적 지지예상이 비슷비슷해야만 속도가 난다. 지금은 여론조사에서 지고 있지만, 자력으로 판을 뒤집을 수 있다는 기대가 크면 그 후보는 후보단일화에 참여하지 않을 것이다. 각 후보들의 지지율 분포는 선거운동이 얼마나 효과를 얻을 수 있을지에 대한 기대가 적을수록 비슷해진다. 다시 말해 부동층이 적을수록, 구도가 고착화될수록, 투표일이 가까워질수록 각 후보들이 예상하는 지지율 분포가 유사해진다.

물론 후보들이 48:28:24처럼 아주 구체적인 수치로 판세를 예상하진 않는다. 오히려 후보들은 '대략 이 정도'로 결과가 나올 것이라 예측하는 경우가 대부분이다. 따라서 주관적 선거 예측은 실제로는 '특정한 지점'이라기보다는 '일정한 구간'일 것이다. 그런데 그 구간이, 당선 가능성이 없진 않지만 높다고도 할 수 없는 상황일 수도 있다. 그 경우 후보의 고민은 길어지고 복잡해질 수 있다. 그렇지만 결국 후보단일화 여부를 결정하는 것은 고민 끝에 특정한 예상 득표를 염두에 두고 베팅을 하는 것이다.

당선 가능성이 치솟는 '박빙 구간'

후보단일화를 거치면서 각 후보들의 당선 가능성은 어떻게 변화할까? 물론 지지율이 올라가면 당선 가능성은 높아진다. 그러나 지지율이 오른다고 해서 모든 구간에서 당선 가능성이 같은 비율로 오르는 것은 아니다. 당선 가능성은 후보의 수와 구도에 따라 특정한 지지율 구간에서 비약적으로 치솟는다.

가령 양자구도에서 A후보의 지지율이 3% 오르고 B후보의 지지율이 3% 낮아진다고 해보자. A후보의 지지율이 20%에서 23%로 오르고, B후보의 지지율이 80%에서 77%로 낮아진다고 하더라도 두 후보의 당선 가능성은 큰 변화가 없다. 반면, A후보의 지지율이 49%에서 52%로 오르고, B후보의 지지율이 51%에서 48%로 변한다면 두 후보의 당선 가능성은 크게 달라지고, 대선판은 크게 요동칠 것이다. 이처럼 지지도의 변화가 당선 가능성의 변화를 크게 가져오는 구간, 다시 말해 각 후보들의 지지율이 경합하고 있는 구간을 '박빙 구간'이라고 해보자.

한 후보의 입장에서 지지율 변화에 따른 당선 가능성의 변화를 그래프로 나타내면 [그림1]과 같다. 이 그래프는 양자 구도를 전제한 것이다. 군소 후보가 지지율이 다소 오른다고 하더라도 그의 당선 가능성은 크게 변하지 않는다. 지지율이 50%를 훌쩍 넘겨 이미 사실상 당선이라고 봐야 하는 후보들은 지지율이 변한다 해도 당선 가능성이 크게 달라지진 않는다. 반면 후보 간 지지율이 비등한 구간이라면 지지율의 작은 변화도 당선 가능성의 큰 변화를 가져온다. 그래프에서 보자면 A와 B 사이의 구간, 즉 '박빙 구간'이다. 후보단일화를 통한 지지율 상승이 이 '박빙 구간'을 지나게 될 것이라고 예상된다면, 후보들은 적극적으로 후보단일화를 추진한다.

[그림1] 예상 득표율과 당선 가능성의 관계

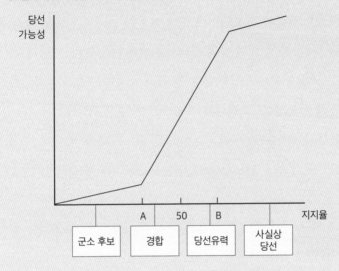

단일화 승리 가능성과 '지지율, 조직 격차'

단일화 성사 여부를 결정하는 또 다른 변수인 단일화 승리 가능성을 살펴보자. 단일화는 흔히 여론조사, 대의원 투표, 혹은 두 방식의 혼합으로 진행된다. 후보 간 합의에 의한 경우도 간접적으로 지지율과 조직 규모의 격차에 따라 강한 후보가 단일 후보로 결정된다.

'지지율'이 높은 후보는 상대적으로 여론조사 방식에 의한 단일화가 유리하고, '조직'의 규모에서 유리한 후보는 상대적으로 대의원 투표 방식의 단일화가 유리하다. 그러나 단일화 룰은 공직선거와 달리 법적으로 정해진 것이 아니다.

후보단일화에 참여하는 한 후보의 입장에서 후보단일화 승리 가능성은 [그림2]의 그래프와 같다. 후보단일화에 참여하는 후보는 상대 후보와의 지지율 및 조직 규모의 격차가 커질수록 후보단일화 경선 승리 가능성이 커진다. 하지만 단일

[그림2] 후보단일화 승리 가능성

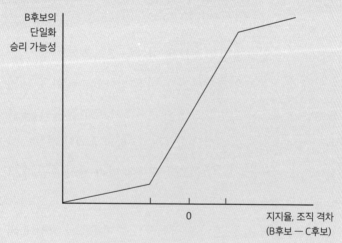

화 승리 가능성도 선거에서의 당선 가능성과 마찬가지로 두 후보 간 지지율과 조직 규모의 격차가 적은 구간, 다시 말해 두 후보가 비등한 구간에서 후보단일화 승리 가능성은 지지율과 조직의 작은 변화에도 크게 달라진다.

결론적으로, 후보단일화는 두 후보 간 지지율과 조직의 규모가 비등한 경우에만 '경쟁'으로서 기능을 하며, 두 후보간 지지율과 조직 규모의 격차가 큰 경우에는 실제로는 경쟁보다는 후보 '양보'의 형태를 취하게 된다.

2012년

문재인
안철수

5

후보단일화 게임의
종합판

2007년 대선 참패 이후 민주당과 개혁 세력은 정치적 암흑기를 겪는다. 2009년 노무현 전 대통령의 서거는 그 정점이었다. 어떻게든 정권을 되찾아야 한다는 야권의 열망은 커졌지만, 구심점이 될 후보가 없는 상황이 계속되었다.

정치인이 아니었던 문재인과 안철수는 그런 와중에 대선 후보로 소환되었다. 문재인은 기존 정치 세력을, 안철수는 기존 정치권 밖을 대표했다. 함께 박근혜에 맞서야 한다는 공감대는 있었지만 박근혜의 대안이 누구여야 하는가는 결코 쉽게 합의하기 어려운 사안이었다.

문재인과 안철수의 단일화는 지지율이 비슷한 후보끼리 진행되는 '대등한 후보단일화'다. 둘은 선거 직전까지 치열한 다툼 끝에 반쪽짜리 후보단일화를 이룬다. 그리고 2002년과 달리 단일화에도 불구하고 선거에서 승리하진 못했다.

승리가 확실치 않은 상황에서 어떻게 단일화는 이뤄졌고, 반대로 단일화에도 불구하고 선거에서 이기지 못했을까?

박근혜 대세론 속에 소환된
문재인, 안철수

문재인은 노무현 대통령의 비서실장이었다. 2009년 노무현 대통령 서거 이후, 친노 세력을 중심으로 문재인이 대선에 출마해야 한다는 목소리가 높아졌다. 처음에는 출마 의사가 없었던 문재인 스스로도 점점 정치적 역할을 늘려나가, 2011년에 들어서는 손학규 당시 민주당 대표와 함께 민주당 후보 2파전의 상황이 되었다.

당시 안철수연구소의 대표였던 안철수의 이름이 정치권에서 회자된 것은 2011년 10월 서울시장 보궐 선거부터였다. 오세훈 시장이 무상급식 주민투표 무산으로 인해 사퇴하면서 서울시장 보궐 선거가 갑작스레 열리게 되었다. 민주당 내에 마땅한 후보가 없는 사이에 안철수의 서울시장 출마설이 정계에서 언급되기 시작했다. 안철수는 TV토크쇼와 대중강연을 통해 희망을 잃은 청춘 세대의 멘토로 부각되었다.

모두의 관심이 자신에게 몰린 상황에서 안철수는 의외의 선택을 한다. 9월 6일 박원순 아름다운재단 상임이사를 만나 두 시간가량 회담한 후, 박원순을 서울시장 후보로 지지하면서 불출마를 선언한 것이다. 안철수가 보여준 통 큰 양보는 권

력을 두고 이전투구를 하는 정치권에 신물이 난 국민들에게
아주 신선한 것이었다.

안철수가 서울시장 후보를 양보하자 그가 대권으로 직행
할 것이라는 예상, 또는 그가 대통령 후보가 되어야 한다는 열
망이 등장하기 시작했다. 그는 대선에 출마할 일이 없다고 일
축했지만, 유권자들은 그럴수록 안철수를 쉽게 포기하려 하
지 않았다.

안철수가 박원순에게 서울시장 후보를 양보한 직후인 9월
6일 CBS-리얼미터 여론조사에서 안철수와 박근혜의 양자 대
결 시 안철수를 지지하겠다는 답변이 43.2%로 박근혜 지지
율 40.6%를 넘어섰다. 이전의 어떤 여론조사에서도 1등을 내
준 적이 없는 박근혜였다. 박근혜 대세론에 금이 가는 순간이
었다. 박근혜 대항마로서 문재인의 위상은 크게 꺾였다. 2011
년 연말이 가까울수록 안철수 돌풍은 점점 거세졌다. 11월 1
일 리얼미터의 여론조사에서 안철수는 다자구도에서도 박근
혜보다 높은 지지를 받는 것으로 나타났다.

총선 이후 다급한 민주당,
여유로운 안철수

민주통합당*은 2012년 4월 총선에서 이명박 정부의 실정에 대한 국민적 평가기조와 야권단일화로 야권이 과반의석을 확보할 것이라고 확신했다. 그러나 총선 결과 정부 여당의 과반 의석이 유지되자 민주통합당과 야권 지지자들은 큰 충격에 빠졌다. 이대로 가면 대선에서도 진다는 위기의식이 휘몰아치고, 안철수를 포함 야권대통합후보에 대한 요구도 거세졌다.

문성근 민주통합당 대표대행은 2012년 4월 17일 라디오 인터뷰에서 "안철수 원장은 새누리당 세력의 확산을 막아야 한다고 말한 만큼 넓은 의미의 동지이므로 손잡고 가야 한다"면서 "민주통합당 대선 후보를 결정한 뒤에는 안 원장과 여론조사를 통한 단일화를 할 수밖에 없는데, 여론조사는 비과학적인 부분이 있고 국민참여 경선에 참여하면 공정한 경쟁이 가능하다"고 말했다.

물론 이 시기 안철수는 민주통합당 입당과 후보단일화에 대한 입장은 물론이고 대선출마 자체에 대한 입장 표명을 하지

---

* 민주당이 시민사회 세력, 한국노총 등을 포괄해 2011년 12월 16일 출범한 정당.

않은 상황이었다. 민주통합당 인사들로서는 떡 줄 사람은 생각도 않는데 김칫국만 마시는 꼴이었다. 당시 문재인에 비해 지지율이 크게 앞서 나가던 안철수는 굳이 경선에 참여할 필요를 느끼지 못했다. 민주당 경선 후 당 밖에서 단일화를 해도 충분히 이길 수 있다면 굳이 경선 이전 입당은 불필요한 것이었다.

물론 이러한 판단에는 앞으로도 본인의 지지율이 더 오르면 올랐지 크게 떨어질 일은 없을 거라는 선거운동 기대효과가 반영된 것이다. 앞서 밝힌 바처럼, 후보들은 본인이 생각할 때 최선의 방법으로 선거운동을 하기 때문에 누구나 어느 정도의 선거운동 기대효과를 가진다. 특히 경험적으로 정치 초년생들은 보통 더 큰 선거운동 기대효과를 갖는 경우가 많다. 왜냐하면 어느 정도 이상의 선거운동 기대효과가 없이는 정치에 도전하지 않기 때문이다.

안철수가 입당해 경선에 참여해야 한다는 주장이 안철수의 대답 없이 주춤거리는 동안 민주통합당 내에서는 '경선 후 단일화론'을 주장하는 목소리가 나왔다. '경선 후 단일화론'은 당시 당내 후보로 가장 유력하던 문재인 측, 친노 세력에서 주로 제기되었다. 문재인은 5월 11일 언론 인터뷰를 통해 "단순히 경쟁에서 이기는 사람이 후보가 되고 정권을 장악하는 차원이 아니라 함께 연합 공동정부를 구성하는 수준까지 가야 한다"고 말했다. 통상 공동정부는 복수의 정당이 함께 정부를 꾸리는 것을 의미하기 때문에, 안철수 입당론을 부정한 것이라고 할 수 있다.

문재인의 입장에서 대선의 최종 승리를 위해 단일화를 언젠가 하긴 해야겠지만, 안철수의 경선 참여는 위험성이 컸다. 문재인이 안철수에게 크게 뒤지고 있는 상황에서 안철수가 입당한다면 문재인은 대선 출마도 못해보는 상황이 될 수 있다. 특히 당내에서 문재인을 반대하는 세력의 뚜렷한 구심점이 없는 상황에서, 비노 세력이 안철수를 중심으로 재편된다면 대선은 물론 향후 당 운영에서도 주도권을 상실할 위험이 있었다. 문재인은 지지율을 반등시킬 시간을 벌어야 했다. 문재인 역시 정치 신인이었던 만큼 국민들에게 본인을 더 어필할 시간이 필요했고, 당내 경선을 이긴 후 컨벤션 효과*도 노려볼 수 있었다.

물론 당내에서는 '경선 후 단일화론'에 대한 반발도 있었다. 당 밖 단일화가 민주통합당의 정통성과 정당 민주주의를 훼손한다는 이유, 후보단일화가 리스크가 크고 법적·정치적 정당성이 없다는 이유 등이었다. 일부는 문재인 주도의 당내

---

* 전당대회나 후보 경선과 같은 정치적 이벤트를 통해 정당이나 정치인의 지지율이 크게 상승하는 현상.

경선구도를 흔들어보려는 비노 세력의 정략적 필요에 따른 반발도 있었다. 그러나 이러한 주장은 안철수가 민주통합당에 입당할 생각이 없는 상태에서 공염불에 그치고 만다.

민주통합당은 6월 중순이 넘어 당내 경선을 현실적으로 더 미룰 수 없는 상황이 되자 초조함이 더욱 커졌다. 안철수가 아무런 입장을 내놓지 않는 상황에서, 민주통합당 내에서만 안철수를 어떻게 변수로 감안해 경선을 치를 것인가 골머리를 썩고 있었다. 민주통합당은 당의 운명이 당 밖의 안철수에 달려 있으니 안철수를 최대한 압박했지만 안철수의 묵묵부답은 이어졌다. 안철수의 대변인 격이었던 유민영 한림대 겸임교수는 "서로에 대한 존중이 신뢰를 만든다. 누구에게 도움이 되는 것인지 생각하기 바란다"며 민주통합당의 압박에 불편한 심기를 드러냈다. 민주통합당 경선은 안철수에 대한 '러브콜'이 빗발치는 가운데 예상대로 문재인의 낙승으로 끝났다.

그사이 안철수는 도도한 행보를 이어갔다. 2012년 7월 19일 저서 『안철수의 생각』을 출간하고, 7월 26일 TV토크쇼 〈힐링캠프〉에 출연하며 정치판을 주도해갔다. 책 출간과 토크쇼 출연은 대권을 향한 행보로 해석되었지만, 안철수는 여전히 확답을 미룬 채 정치 참여에 대한 원론적 입장만을 반복했다. 하지만 국민들 대다수는 이제 안철수의 출마가 가까워지고 있다고 기대하게 되었고, 그 기다림의 시간이 길어지는 만큼 안철수의 우유부단함에 대한 실망도 커져갔다.

안철수 진심캠프의 상황실장을 맡았던 금태섭 변호사의 회고다.

> 아침 회의에 안철수 원장이 참석할 때는 더 이상 늦어져서는 안 된다고 간곡히 얘기해보기도 하고 출마 선언에 이르는 일정을 짜서 의논하려고 하였지만, 별다른 반응이 없었다. 하겠다는 건지 안 하겠다는 건지, 봄에 시작한 모임이 한여름이 되도록 지지부진하자 드디어 그만두겠다는 목소리가 터져나왔다… 합리적인 이유 없이 시간을 허비해서 기회를 놓친다면 사람들에게 실망만 안기고 다른 카드마저 쓰지 못할 수도 있었다.[1]

잦아드는 안철수 신드롬 속에
시작된 선거운동

2011년 11월부터 2012년 1월까지가 안철수의 지지율이 정점을 찍은 시기였다. 이 시점에 안철수의 지지율은 다자구도

다자 구도-전국

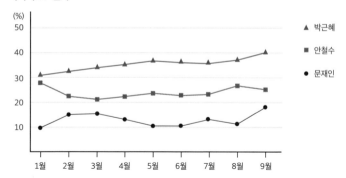

양자 구도 1-전국

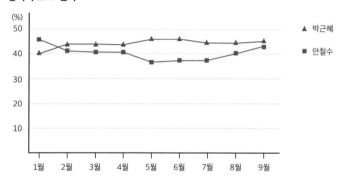

양자 구도 2-전국

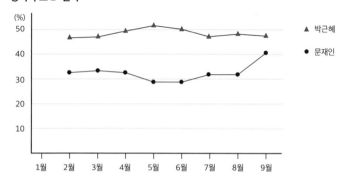

출처: 한국갤럽 2012년 주요 대선 후보 지지도 조사 참조.

에서는 박근혜와 비등하게 나왔고, 양자구도에서는 박근혜를 앞서는 것으로 나왔다. 안철수가 총선정국에서 아무런 역할을 하지 않자 안철수에 대한 지지율은 점차 낮아졌다. 반면 박근혜는 총선에서 새누리당의 과반 승리를 이끌며 지지율을 끌어올렸다.

2012년 8월 20일 박근혜가 새누리당 대선 후보로 확정되었고 상황은 급변했다. 안철수에 대한 부정적인 뉴스가 쏟아져나왔다. 주로 안철수의 깨끗하고 새로운 이미지를 훼손하는 내용이었다. 이러한 의혹들은 대부분 왜곡된 것이었지만 안철수의 이미지를 계속 좀먹어갔다.

한국갤럽의 '2012년 주요 대선 후보 지지도 일일 지표'에 따르면, 안철수의 지지율은 룸살롱 논란이 시작된 8월 20일에 29%였지만, 연이은 부정적 이슈의 확산으로 9월 12일에는 20%까지 떨어졌다. 양자구도에서도 9월 11일, 12일 이틀간 박근혜 후보와 9%까지 차이가 벌어졌다. 특히 새누리당과 민주당의 대선 후보가 확정되어가는 와중에도 출마 여부를 확실히 밝히지 않는 태도로 안철수에 대한 실망감은 점차 커졌다.

반면 문재인은 8월 말부터 빠른 속도로 지지율이 올랐다. 문재인은 경선 승리 후 손학규, 김두관, 정세균 등 당내 다른 후보들의 지지자들을 포섭해가며 당 지지층을 규합했다. 한

다자 구도-일일 지표 추이

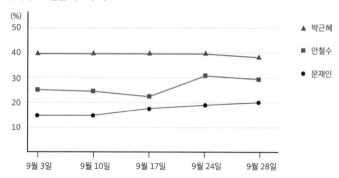

양자 구도-일일 지표 추이 1

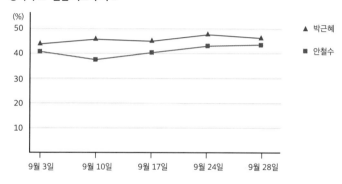

양자 구도-일일 지표 추이 2

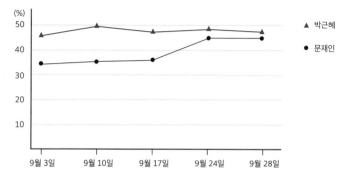

출처: 한국갤럽 2012년 주요 대선 후보 지지도 일일 지표 참조.

편으로는 새누리당, 보수언론, 국정원이 안철수를 집중적으로 공격하는 동안 문재인은 반사이익을 누리며 차근차근 지지층을 넓혀갔다.

다자구도에서 문재인의 지지율은 8월 20일에 10%였지만 9월 19일에는 24%가 되었다. 한 달 만에 14%가 오른 것이다. 같은 기간 안철수의 지지율은 점차 낮아져 8월 20일 둘의 지지율 차이는 19%였다가 9월 19일에는 동률이 되었다. 박근혜와의 양자구도에서도 문재인은 8월 21일 21%의 지지율 차이를 보였지만, 민주당 대선 후보로 확정된 후에는 차이가 한 자릿수로 줄어들었고 9월 27일 조사에는 46%로 동률을 만들었다.

2012년 9월 19일 안철수는 대통령 출마를 선언한다. 대통령 선거를 딱 석 달 앞둔 시점이었다. 공교롭게도 출마 선언일인 19일 한국갤럽 '2012년 주요 대선 후보 지지도 일일 지표'에서 문재인과 안철수의 지지율은 24%로 똑같았다. 문재인의 지지율이 점차 높아지면서 안철수를 압박하고 있었다. 문재인의 지지율이 안철수를 넘어선 후 출마를 강행한다면 안철수의 입장에선 야권분열의 책임을 온전히 뒤집어 써야 했다. 안철수는 정치적·실무적으로 더 이상 미룰 수 없는 시점에서야 출마를 선언한 것이다.

박근혜마저 큰 격차로 따돌렸던 2011년 가을과 겨울의 안철수 신드롬을 생각하면, 정작 출마 선언을 할 때의 안철수의 지지율은 초라했다. 이미 유권자와 정치인 안철수의 허니문은 끝이 났다. 만약 안철수가 조기에 출마를 확정하고 대선을 초반부터 박근혜-안철수라는 양자구도로 만들었다면 2012년 대선은 또 다른 모습이 되었을 수도 있다.

후보단일화를 망설이는 안철수

9월 19일 대선 출마를 공식 선언한 후에도 안철수는 50여 일간 후보단일화를 더 미룬다. 안철수는 단일화의 조건으로 '정치권의 진정한 변화와 혁신'을 제시했다. 그리고 무엇이 변화와 혁신이냐는 질문에 대해서는 "제가 판단하는 게 아니라 국민이 판단"할 것이라고 대답했다. 정치판에서 이런 불확실한 대답은 별로 할 생각이 없다는 뜻이다.

기자　　새로운 정치를 위해 눈앞에 놓인 야권후보단일화 지적이 많다. 필요하다 생각하는지 필요하다면 어떤 시기와 방법을 통해 가능하다고 보시나.

안철수 가장 중요하다고 생각하는 원칙이 두 가지 있다. 첫째는 정치권의 진정한 변화와 혁신이 중요하다는 것이다. 그리고 둘째는 국민이 그에 동의할 수 있어야 한다는 것이다. 그래서 지금 이 시점에서 이 두 가지 조건이 갖춰지지 못한 상황에서는 저는 단일화 논의를 하기에는 부적절하다는 입장이다…

기자 단일화의 조건으로 정치권의 진정한 변화와 혁신, 국민의 동의를 전제조건으로 말했는데 구체적인 말을 해달라. 예를 들어 '박근혜 새누리당 후보가 어떤 변화를 보여야 한다거나 문재인이 어떤 변화를 보여야 한다'식으로 말해달라. 그리고 국민 반응이 어떠할 때 단일화에 임할 수 있는지 구체적으로 말해달라. 마지막으로 단일화에 부정적인 시각이라면 과연 대선에서 승리할 수 있을까?

안철수 정치권이 진정한 변화와 개혁을 했느냐는 제가 판단하는 게 아니라 국민이 판단하시리라 생각한다. 제가 할 수 있는 일은 진정한 변화를 원하는 국민을 실망시키지 않겠다는 약속이다. 그 약속은 지킬 것이다. '승리'라고 말했는데 그런 생각은 한 적 없다. 제 나름 옳은 일을 하고 선거 과정에서 양당이 개혁과 혁신을 하는 모습을 보인다면 될 것이다. 저도 최선을 다해 승리하겠다고 노력하면 공과 과실은 주인인 국민이 가져가실 수 있다고 생각한다.

출마 선언을 할 시점에 안철수 캠프는 후보단일화에 대한 명확한 기조가 없었다. 안철수는 앞으로 지지율이 더 올라갈 가능성을 고려했기 때문에, 출마 시점에서 후보단일화에 대한 입장을 굳이 정할 필요가 없었다.

강연재 네, 일단 문재인과 안철수 간의 단일화 여부가 당시 초미의 관심사였는데 문재인과 안철수가 직접 만난 것만 세 번 정도인 것 같은데요. 당시 진심캠프 때 단일화에 대한 대비 팀이 따로 있었나요?

강동호 처음 국회 잔디밭에서 캠프 발족식을 하잖아요. 그때 최소한 보름 전에는 캠프 구성을 하고 지휘권을 누구에게 맡긴다는 정도는 나왔을 거고요. 그 당시 이미 두 상반된 노선이 표출되었다고 들었어요. '어쨌든 단일화로 갈 수밖에 없다. 그걸 잘 준비해야 한다'는 부류와 '그게 아니다. 단일화 생각은 전혀 하지 말자. 애초부터 무조건 단일화는 없다. 독자 노선으로 가야 한다'는 부류….

저는 해석을 조금 달리하는데, 단일화를 염두에 둬서 선거 조직이나 후보 등록 준비, 뭐 그런 것을 안 했다는 측면도 있긴 하죠. 그걸 시동을 걸어야 하는 사람이 박선숙인데, 박선숙 자체가 일단 단일화해야 한다 쪽에 가까운 사람이고, 김성식 은 독자 노선에 가까웠죠.[2]

어떤 이는 다자구도로 가더라도 안철수만의 힘으로 당선 될 수 있다고 주장했고, 어떤 이들은 후보단일화가 필수적이 라고 주장하기도 했다. 물론 이 경우에도 문재인에게 후보를 양보 받는 후보단일화를 해야 한다는 주장이었지, 문재인에 게 후보를 양보해야 할 수도 있는 대등한 후보단일화를 전제 한 것은 아니었다. 안철수 본인 또한 최선을 다해 다자구도로 싸워보고, 상황이 어렵다면 그때 후보단일화를 추진해도 충 분하다고 판단했던 듯하다. 안철수 진심캠프 상황실장 금태섭 변호사는 당시 상황을 아래와 같이 회고한다.

출마 선언을 하기 직전 나는 안철수 후보에게 단일화 구상에 대해서 물어본 적이 있다… 그때 안 후보는 "나에게 생각이 있습니다"라고 답했다. "하이 리스크, 하이 리턴High risk, high return"이라는 말도 했다. 더 깊이 묻지는 않았다. 심중 을 정확히 알 수는 없었지만 무언가 계획이 있구나 싶었다. 무소속 후보로서 단일화 논의 자체가 사퇴 압력이 되는 상황에서 굳이 가장 민감하고 어려운 문제에 대해서 미리 답을 말하라고 채근할 필요는 없다고 생각했다. 그 문제만은 후보에게 전적으로 맡기는 것이 옳을지 모른다는 생각도 했다. 그때만 해도 안 후보의 지지율이 민주당 문재인 후보의 지지율보다 훨씬 높았기 때문에 해결책이 나올 것 같기도 했다.[3]

다시 차이는 벌어졌다. 9월 하순부터 10월 중순까지 다자구도에서 안철수는 문재인보다 평균 7~10% 높은 지지율을 보였다. 하지만 이미 실망한 대중은 안철수에게로 완전히 마음을 돌리지는 않았다.

그러나 안철수의 기대와 달리 출마 선언을 하고 본격적인 선거운동에 착수하고 나서도 그 효과는 도통 나타나지 않았다. 오히려 '국회의원 정수 100명으로 축소' 등 기존의 민주진보 세력의 입장과 다른 주장을 내세워 안철수 회의론이 커졌다. 한국갤럽 '2012년 주요 대선 후보 지지도 일일 지표'에서, 안철수는 출마 선언을 한 9월 19일 직후 다자구도에서 30%대 지지율을 회복했으나, 10월에 들어서는 한 번도 30%를 넘지 못했다. 지지율은 점차 낮아져 10월 말에 이르러서는 다자구도에서 문재인과 박빙인 상황이 되었다. 더구나 야권 단일 후

다자 구도-일일 지표 추이

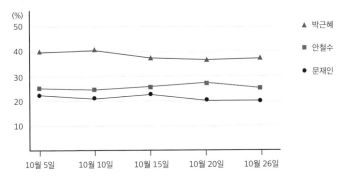

야권 단일 후보 지지도-일일 지표 추이

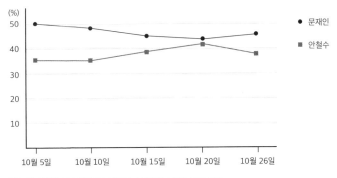

출처: 한국갤럽 2012년 주요 대선 후보 지지도 일일 지표 참조.

보 적합도에서는 미세하게 문재인이 계속 앞서는 경우가 더 많 았다.

지지율 격차가 줄어들면서 성사된
'문안드림' 단일화 합의

안철수는 독자적으로는 당선이 어려워지는 이 시점에서야 본격적으로 후보단일화 협상으로 들어가게 된다. 9월 19일 출마 선언부터 10월 말에 이르는 시기까지 안철수의 선거운동 기대효과는 독자적 당선까지 바라볼 정도로 높았다면, 단일화 협상에 나서는 11월 초에는 단일화를 반드시 해야겠다고 판단할 만큼 낮아진 것이다. 안철수는 11월 5일 전남대 강연에서 문재인 측에 '만나자'는 의견을 전했다. 안철수의 발언은 사실상 민주통합당의 요구에 대한 응답이었지만, 형식적으로는 안철수가 먼저 문재인에게 만남을 요구한 것이 되었다.

> 각자의 공약도 완성되지 않은 상태에서 단일화 방식과 형식만 따지면 진정성이 없고 감동도 사라지며 1 더하기 1이 2가 되기도 어려울 것이다. 우선 문 후보와 제가 먼저 만나 서로의 가치와 철학을 공유하고 정치 혁신에 대해 합의하면 좋겠다.[4]

문재인 측은 즉각 협상에 나서자며 응했고, 11월 6일 단독회담을 갖는다. 두 후보의 만남에 대해 언론은 '문안드림'이라 표현했다. 이날 회담은 단일화 방식과 보상 등 구체적인 쟁점에서 다소간 이견이 있었던 것으로 알려졌지만 대체로 호의적인 분위기 속에서 진행되었다. 두 캠프는 공동으로 일곱 가지 사항의 합의문을 발표했다.

2012년 11월 6일 문재인-안철수 합의문 전문

1. 엄중한 시대상황에 대한 인식, 고단한 국민의 삶과 형편, 정치 혁신에 관한 국민의 요구에 대해 폭넓은 대화를 나눴고 인식을 함께하고 있음을 확인했다.

2. 정권교체를 위해서는 새 정치와 정치 혁신이 필요하고, 정치 혁신의 첫걸음은 정치권이 먼저 기득권을 내려놓는 것이라는 데 의견을 같이했다.

3. 단일화는 대선 승리와 정권교체를 위한 단일화, 가치와 철학이 하나되는 단일화, 미래를 바꾸는 단일화의 원칙 아래 새누리당의 집권연장에 반대하는 모든 국민의 뜻을 하나로 모아나가기로 의견을 같이했다.

4. 단일화를 추진하는 데 있어 유리함과 불리함을 따지지 않고 새 정치와 정권교체를 열망하는 국민의 뜻만 보고 가야 하며 국민의 공감과 동의가 필수적이라는 데 뜻을 같이했다.

5. 단일후보는 후보 등록 이전까지 결정하기로 하고, 이를 위해 함께 협의해나가기로 했다.

6. 새 정치와 정권교체에 동의하는 양쪽의 지지자들을 크게 모아내는 국민 연대가 필요하고 그 일환으로 정당 혁신의 내용과 정권교체를 위한 연대의 방향을 포함한 '새정치공동선언'을 두 후보가 우선적으로 국민 앞에 내놓기로 했다

7. 투표시간 연장을 위해서 함께 노력하기로 했다. 이를 위해서 서명운동을 포함한 캠페인을 공동으로 펼쳐나가기로 했다.

11월 6일의 합의에 대해 문재인 캠프 종합상황실장이었던 홍영표는 "우리 입장에서는 '후보 등록 이전의 단일화'에 합의했다는 점이 가장 큰 수확이었다. 안철수 후보 측은 '새정치공동선언문'*을 작성해 발표하기로 한 데 더 큰 의미를 부여했다"고 평했다.

이후 단일화 룰과 새정치공동선언문 작성을 위한 실무 협상이 시작되었다. 그러나 협상은 긴 갈등을 겪는다. 실무 협상의 정확한 내용은 공개되지 않았기에 확보할 수 있는 최대한

---

* 안철수는 '새 정치'라는 브랜드를 통해 민주통합당까지 포함한 기존 정치 세력 모두를 혁신의 대상이라고 주장했다. 민주통합당이 새 정치를 받아들인 것은 기득권을 포기한다는 뜻이다.

의 자료를 바탕으로 협상 과정을 정리했고 사실관계에 대해 참여한 이들 사이에도 다소 이견이 있음을 미리 밝힌다.

문재인 측은 최대한 빨리 합의를 도출하길 원했다. 11월 15일까지는 후보단일화의 구체적인 방안을 합의해야 한다고 보았다. 반면 안철수 측은 더욱 구체적이고 실질적인 내용의 새정치공동선언문을 합의하길 원했다. 이러한 양측의 온도 차이는 본 협상에서 들어가서 더욱 두드러졌다. 문재인 측은 원론적인 수준의 방향성만을 담고자 했으나, 안철수 측은 문재인 측이 수용하기 힘든 공약을 요구하며 압박했다.

안철수 측은 국회의원을 100석으로 줄이고, 중앙당, 정당국가보조금을 축소하는 정치개혁안을 합의문에 포함해야 한다고 주장했다. 이는 문재인 측 공약과는 상반된 것이었다. 100석 이상의 현역 의원들이 있는 원내 정당인 민주통합당으로서는 결코 쉽게 수용할 수 없는 내용이었다.

협상단은 출구 없는 논쟁을 11월 8일부터 사흘 밤낮으로 계속했다. 문재인 측은 10일까지 협상을 마치지 못하면 단일화가 물 건너간다고 생각했기 때문에 애가 탔다. 문재인 측은 결국 안철수의 국회의원 정수 축소를 원론적으로 수용하고, 대신 '국회의원 정수 축소'가 아닌 '국회의원 정수 조정'으로 표현하는 것으로 합의했다. 문재인은 후보단일화만 한다면 팥으로 메주를 쑨다 해도 그냥 받아들일 판이었다.

그러나 협상은 첩첩산중이었다. 안철수 측은 민주통합당을 '낡은 정치'의 일부로 문구를 넣으려고 했다. 홍영표의 기록에 따르면, 당시 안철수 측이 제안했던 새정치선언문의 개략적인 도입부는 이렇다.

민주통합당은 중앙당 집중, 인물과 계파 중심의 줄 세우기, 국민과의 소통 부족, 현장과 유리된 정치로 국민생활을 제대로 챙기지 못하고 국민의 신뢰를 얻지 못한 측면이 있었다. 그러므로 민주통합당은 당의 민주화와 국민 참여와 소통, 국민 생활과 삶을 챙기는 새로운 정당으로 거듭나야 한다.[5]

이는 민주통합당에게 구태정치의 책임을 온전히 덮어씌우는 표현이었다. 문재인 측 협상단은 모욕적인 기분이 들었다고 회상한다. 결국 긴 싸움 끝에 '민주통합당은'을 '기성 정당들은'으로 문구를 바꾸는 대신 '인물과 계파 중심의 줄 세우기'라는 문구는 유지하기로 했다. 양 협상단은 실질적인 내용이 없는 자존심 싸움으로 귀중한 사흘을 보내고 있었다.

11월 15일, 결국 협상 일주일을 보내고서야 양측은 새정치공동선언문을 발표한다. 협상은 안철수 측이 강하게 주장하면 문재인 측이 어디까지 물러나 받아들일 수 있는가를 논쟁하는 방식으로 진행되었다. 문재인 측은 내용에 만족할 수 없었지만 어렵게 만든 후보단일화 국면을 포기할 수는 없었다. 안철수의 입장에서 보면 싸우면서도 새정치공동선언 협상을 완료했다는 점에서 안철수도 단일화 없이는 어렵다고 판단했다는 점을 알 수 있다.

양측은 새정치공동선언 협상을 하며 후보등록을 앞둔 중요한 7일을 허비했다. 게다가 '문안드림'은 공고해지기는커녕 서로에 대한 불신만 더욱 커졌다. 그런데 안철수는 왜 그토록 합의하기 어려운 수준의 새정치공동선언을 만들고자 했을까?

공동의 목표를 설정하는 것은 연대의 당연한 출발점이다. 그런데 후보단일화와 같은 선거연대에서의 목표는 당선이다. 그렇기 때문에 후보단일화를 위해 꼭 구체적인 공약까지 일치시킬 필요는 없다. 단일화의 명분은 새누리당의 당선을 막아야 한다는 것만으로 충분했다. 2002년 노무현–정몽준 단일화에서도 한나라당 집권을 막는 것 외에는 합의사항이 없었다. 안철수가 그만큼 '새 정치'에 대한 강한 의지를 가졌기 때문이라고 설명할 수도 있다. 하지만 '새 정치'를 실현하기 위해서라면 굳이 문재인과 선언문 문구 가지고 싸우고 있느니, 얼른 단일화를 해서 당선 가능성이 높이는 게 낫다.

11월 6일, 문재인과 안철수는 후보단일화에 합의하고 손을 맞잡았지만 그 구상은 서로 매우 달랐다. 문재인 측은 '어게인 2002', 즉 2002년 대선에서의 노무현-정몽준 후보단일화 방식을 생각했다. 즉, 대등한 후보단일화를 원한 것이다.

반면, 안철수는 아직까지도 문재인의 양보를 기대한 것으로 보인다. 안철수는 자신이 원하는 최소한의 틀에 민주통합당을 맞춰넣을 수 있는지 확인하려고 한 것이다. 만약 안철수가 대등한 후보단일화를 원했다면, 민주통합당이 수용하기 힘들고 협상을 어렵게만 하는 구체적 수준의 새정치공동선언은 필요하지 않았다.

11월 5일 후보단일화를 언급하면서 안철수가 생각했던 그림은 2011년 서울시장 보궐선거에서의 박원순-박영선 단일화와 같은 그림이었을 것이다. 무소속이었지만 안철수의 지지를 등에 업은 박원순은 쉽게 단일화 경선에서 박영선에게 승리한다. 2011년 서울시장 보궐선거에서처럼 새로운 세력인 자신이 후보를 하고, 민주당의 조직과 실무진들을 이용하면 선거를 무사히 치를 수 있기 때문이다.

안철수는 민주통합당은 새 정치의 대안이 될 수 없다는 확신을 가지고 있었다. 여론조사 결과도 안철수의 확신을 뒷

받침했다. 비록 차이가 좁혀지고 있었으나 안철수는 출마 선언 이후 양자구도, 다자구도 모두 여론조사 지지율에서 문재인에게 뒤진 적이 없었다. 특히 문재인은 양자구도에서 박근혜에게 뒤지는 것으로 나왔지만, 안철수는 세 번 중에 두 번 정도는 박근혜를 앞서는 것으로 나왔다. 안철수는 그간의 지지율 하락이 후보단일화 촉구 여론이었기 때문에, 후보단일화에 나서면 다시 지지율을 회복할 수 있다고 판단했을 수 있다. 안철수는 민주당을 압박하면 2011년 서울시장 보궐선거 때와 마찬가지로 단일화에 나설 수밖에 없을 것이라고 생각했고, 단일화 결과도 그때와 마찬가지일 것이라 여겼을 것이다. 다음은 안철수 진심캠프 상황실장을 맡았던 금태섭 변호사가 밝힌 내용이다.

> 단일화 압력이 최고조에 달했을 무렵 나는 박경철 원장을 찾아갔다. 다른 용건이 있어서 간 것이지만 모처럼 만난 김에 단일화 문제에 복안이 있는지도 물어봤다. 어찌되었든 그는 안 후보와 많은 일을 의논하는 가장 가까운 사이였기 때문에 안 후보가 말한 "나에게 생각이 있습니다"라는 말의 뜻을 알 것이라고 생각했다. 박 원장의 대답은 뜻밖이었다. 그는 안 후보와 문 후보 사이에 다른 사람들은 모르는 깊은 교감이

다자 구도-일일 지표 추이

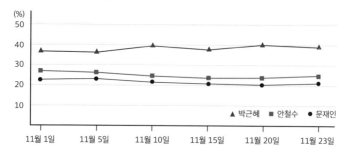

양자 구도 1

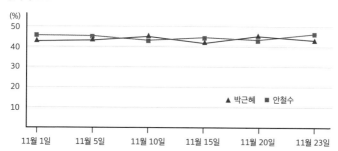

양자 구도 2

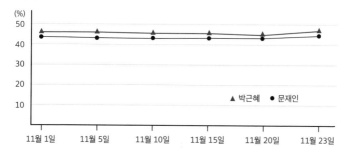

야권 단일 후보 지지도

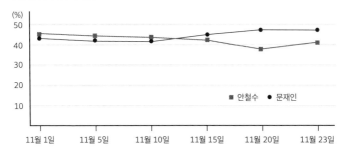

출처: 한국갤럽 2012년 주요 대선 후보 지지도 일일 지표 참조.

있다고 했다. 비공개로 만난 일도 여러 차례라고 했다. 그렇기 때문에 잘 해결될 것이라고 했다.

박 원장의 말을 들으면서 나는 오히려 단일화에 관해 숨겨둔 대책이 없다는 사실을 깨달았다. 그의 말은 문 후보의 양보를 의미하는 것처럼 보였는데 그것은 현실적으로 불가능한 일이었기 때문이었다.[6]

안철수의 입장에서는 자신의 지지 세력을 최대한 온전히 유지하면서 후보단일화를 해야 한다. 안철수가 문재인과 연대할 경우, 민주당을 구태 세력이라고 평가하는 유권자는 투표를 포기하거나 다른 후보로 옮겨갈 수도 있다. 그렇기 때문에 안철수는 후보단일화에 앞서 민주당이 수용하기 어려운 높은 수준의 새정치공동선언을 만들어 단일화에 대한 명분을 만들 필요가 있었다. 게다가 어떻게든 대등한 후보단일화를 하려는 문재인 측은 울며 겨자 먹기로 안철수의 협상안을 수용할 수밖에 없었을 것이다.

그러나 아직 표심이 자신에게 있으리라 생각한 안철수의 믿음과 다르게 상황이 흘러간다. 후보단일화가 지연되니 야권 지지자들의 입장에서는 애가 탈 노릇이었다. 어떤 유권자들은 높은 수준의 공동선언을 만들고자 하는 안철수 측의 태도를 비합리적이고 정권교체 의지가 부족하다고 느꼈다. 이들은 정권교체의 필요성에는 공감하지만 안철수와 문재인 특정 세력에 대한 충성도는 낮은 유권자들일 것이다. 이들은 후보단일화를 빨리 진행하기 위해 불리한 내용을 수용한 문재인 측이 정권교체 의지가 더 크다고 판단했다.

한국갤럽의 '2012년 주요 대선 후보 지지도 일일 지표'에 따르면, 후보단일화 협상이 시작된 11월 6일 다자구도에서 안철수는 문재인보다 4% 앞섰는데, 13일 그 차이는 1%로 줄어든다. 박근혜 지지자를 제외한 응답자를 대상으로 한 야권단일후보 지지율에서는 11월 13일 문재인이 안철수를 앞서기 시작했다. '누구라도 좋다, 정권교체만 해달라'고 바라는 야권 지지자들이 안철수를 부정적으로 평가한 것이다.

본격적으로 시작한
단일화 협상

새정치공동선언 협상이 난항을 겪고 있던 11월 13일, 후보단일화 룰 협상이 시작되었다. 협상은 평행선을 그렸다. 문재인 측은 지지율 차이가 작아지고 있는 만큼, 단일화 룰을 잘 짜면 승산이 있다고 보았다. 그런데 안철수 측은 구체적인 방안을 제시하지 않은 채 문재인 측의 제안을 거절하기만 했다. 문재인 측 협상단은 안철수 측이 '문재인이 양보한다' 외의 대안이 없는 것 아니냐며 의심했고, 진척 없이 갈등만 깊어졌다.

문재인 측은 1안으로 국민경선을 통한 단일화를 제안했다. 양측이 선거인단을 모집해 단일화 경선을 치르는 방식이었다. 국민경선은 일단 선거인단 신청을 하고, 당일에 투표에 참여해야 하기 때문에 단일화에 참여하는 유권자들로서는 좀 귀찮은 방식이다. 이러한 이유로 국민경선은 유권자들이 적극적으로 경선에 참여하도록 동원할 수 있는 조직을 갖춘 측이 유리했다. 그런 이유로 민주당 조직을 갖춘 문재인 측은 국민경선을 선호했다. 안철수 측이 불리한 방식을 제안할 것을 대비해 문재인 측은 2안, 3안도 준비했다. 그 구체적인 방안은 알려지지 않았지만 2011년 서울시장 보궐선거 때와 같이 국민경선과 여론조사, 토론회 배심원 제도를 일정 정도 혼합하는 방식일 것으로 예상되었다.

그런데 안철수 측의 대응은 문재인 측의 예상을 벗어난 것이었다. 안철수 측은 아무런 방안을 들고 나오지 않았다. 금태섭 상황실장의 회고다.

> 문제는 캠프 본부에서 양측 모두 받아들일 수 있는 방식을 논의하라는 사인이 오지 않았다는 것이었다. 모바일 경선을 주장하는 민주당 협상팀을 상대로 다양한 논리로 부당성을 지적하고 나면 그쪽에서는 그러면 진심캠프가 주장하는 방식은 무엇이냐고 묻는다…
> 상대방의 페이스에 말려서 협상을 서둘러서는 안 되지만 한정 없이 시간을 끈다고 답이 나오는 것도 아니었다. 그런데 지휘부에서는 버티라는 지시만 계속 내려왔다. 나중에는 협상장에 들어가기가 싫을 정도였다. 점점 지휘부에 대안이 있는 것인지 불안해지기 시작했다.[7]

문재인 측의 윤호중 의원은 당시 협상에 대해 이렇게 기억한다.

그런데 그쪽은 가부간에 의사 표명 자체가 없었습니다. 우리가 낸 안에 찬성하는 것도 아니고, 아주 반대하는 것도 아닌 아주 어중간한 스탠스로 대화를 이어갔습니다. 결국 박영선 의원이 '협상을 하자, 어서 그쪽 생각을 제시해달라'라고 강하게 얘기를 했지만 별 반응이 없었어요. 김기식 의원과 조광희 비서실장이 고교 동창이라고 해서 이야기가 통할지도 모른다고 기대를 했었는데 그런 사적인 관계가 협상과는 아무 상관이 없더군요. 박영선 의원이나 김기식 의원 역시 빨리 이 협상을 마무리하고 싶어서 '구체안을 내라, 서로 지나친 요구는 하지 말자'라고 강경하게 이야기했지만 소용 없었습니다. 아까운 하루가 그렇게 지나갔고 그 뒤 며칠도 무척 힘들었습니다.[8]

안철수는 왜 본격적인 협상에 들어가는 것을 피했을까? 단일화 협상이 한창 이뤄지던 11월 13일 즈음의 시기를 피하려고 한 듯하다. 안철수로서는 당시 지지율이 출마 선언 후 최저점이었고 점차 하락하는 추세였기 때문에 다시 한번 기세를 반등할 기회가 필요했다. 2002년 정몽준이 점차 지지율이 낮아지는 와중에 여론조사 방식 후보단일화를 수용하여 낙마한 사례도 있었다. 안철수 측은 단일화 지연의 책임을 문재인 측의 행실로 돌리며 협상을 계속 지연시켰다.

안철수 측은 문재인 측 윤건영 보좌관의 배석을 문제 삼았다. 당시 양 측 배석자들은 발언하지 않고 기록만 했다. 안철수 캠프 측은 윤 보좌관이 '친노'라는 이유로 배석해서는 안 된다는 주장을 했다. 실무자의 정치적 성향을 문제 삼는 것은 과도한 것이었다. 하지만 결국 협상을 빨리 이끌고 싶었던 문재인 측은 배석자를 바꾸는 것으로 정리했다.

비슷한 언쟁은 계속 이어졌다. 11월 13일 문재인 후보 측 백원우 의원이 안철수 측 협상단 일원의 새누리당 경력에 대해 문제 제기하는 글을 SNS에 올렸다. 문재인 측은 이 문제를 공식적으로 제기하지는 않았는데, 오히려 안철수 측에서는 강하게 불쾌감을 표시하며 백원우 의원을 선대위 보직에서 사퇴시키라고 요구했다. 윤건영 보좌관의 경우와 마찬가지로 문재인 측은 시비를 가리기보다는 최대한 빨리 안철수 측의 요구 사항을 들어주었다.

문재인의 입장에서는 안철수와의 지지율 차이가 가장 적었던 그 시기에 얼른 후보단일화를 몰아붙여야 했다. 그리고 문재인 측이 주장했던 국민경선 방식을 택하기 위해서는 선거 일정상 11월 16일에는 합의를 마쳐야 무사히 후보등록이 가능했다. 하지만 안철수 캠프 측의 문제 제기는 계속 된다.

이번엔 문재인 측 협상단이었던 김기식 의원의 라디오 인터뷰를 문제 삼았다. 김기식 의원이 라디오 인터뷰에서 '후보 간 복수의 TV토론도 가능하다. 16일까지는 합의를 해야'라고 말한 것에 대해, 안철수 캠프에서는 '공식 발표 외에 다른 의견을 내지 않기로 한 협상단의 최초 합의를 위반한 것'이라고 주장했다. 김기식 의원은 문재인 측의 입장을 얘기한 것뿐이라고 해명했지만 안철수 측은 받아들이지 않았다.

비슷한 시기 일부 언론이 '민주통합당 관계자'가 '이번 주가 지나면 안 후보가 양보할 수 있다'고 말했다고 보도했다. 문재인 측은 전혀 사실이 아니며, 캠프의 책임자가 그런 발언을 한 것은 아니라고 해명했지만 안철수 측은 강한 불만을 제기했다. 소위 '조직 동원 문자 살포' 논란도 터져나왔다. 안철수 측은 문재인 측이 당원들에게 '여론조사 대비 유무선 전화 잘 받아주세요. 외출 시 집 전화 착신해주세요' 같은 내용의 문자메시지를 대량 발송했다고 주장했다.

윤건영 보좌관 배석 문제, 백원우 의원 발언 문제부터 김기식 의원 인터뷰, 조직동원 문자 논란까지 문재인 측은 다 오해라고 이야기하고 빠른 시간 내에 가능한 조처를 했지만 안철수 측은 이를 수용하지 않았다고, 11월 14일 조직동원 문자 발송을 빌미로 협상을 중단한다. 문재인 측 협상단인 윤호중 의원의 말이다.

단일화 협상팀은 기자들의 이목을 피하기 위해 경찰청 인근한 레지던스 객실을 빌려서 회담을 진행했습니다. 14일 오전에도 그 장소에서 2차 회담을 시작하려는 차에 안 후보 측이 '단일화 협상을 중단한다'라고 일방적으로 통보하고는 바로 가버렸어요. 붙잡을 틈도 주지 않고 얘기를 시작하자마자 나가버렸습니다. 의아한 건 그렇게 갑자기 철수해버린 안 후보 대표단의 일사불란한 행동이었습니다.

본래 외교 협상 중에도 돌발 상황이 생기면 협상단 자체로 철수를 결정할 수는 없어요. 판을 깨더라도 상황을 본부에 알리고 '본국의 훈령'을 기다리는 게 당연한 것 아닙니까. 그런데 안 후보 측 협상단은 '협상을 중단하겠다'라는 말이 떨어지자마자 다 같이 나가버렸습니다. 저는 이분들이 애초에 판을 깨려고 나왔다는 확신을 갖게 되었습니다. 사전에 약속하지 않고서는 그런 행동을 할 수 없지 않겠습니까.[9]

이런 문제들은 11월 14일 시점에서 안철수 캠프가 단일화를 조속히 해야 할 필요가 있었다면 적절한 조치 후 넘어갈 수 있는 사안들이었다.

안철수는 11월 14일 단일화를 중단할 필요가 있었다. 한국갤럽 '2012년 주요 대선 후보 지지도 일일 지표'를 보면, 안철수는 11월 14일 문재인에게 모든 항목에서 역전당한다. 다자구도에서는 지지율이 박근혜 39%, 문재인 23%, 안철수 21%였다. 13일 '안철수 펀드'를 출시하며 기세에 박차를 가하던 안철수로서는 예상 밖의 결과였다. 양자구도에서도 문재인 대 박근혜는 46 대 45로 문재인이 앞선 반면, 안철수 대 박근혜는 46 대 46 동률로 나왔다.

'안철수여야 박근혜를 꺾을 수 있다. 문재인은 필패다'라는 안철수 측의 가장 강력한 주장이 무너진 것이다. 야권 단일후보로 안철수를 지지했던 사람들 중 상당수는 안철수에 대한 호불호와 무관하게 안철수가 단일 후보가 되어야 정권교체 가능성이 높기 때문에 안철수를 지지하는 사람들이었다. 박근혜 지지자를 제외한 표본을 대상으로 '누가 야권 단일 후보가 되는 게 좋다고 생각하십니까?'라는 질문에 대한 응답은 문재인은 46%, 안철수 40%로 6% 차이가 났다.

안철수는 14일에 이르러서야 문재인에게 양보받는 것을 포기하고 대등한 후보단일화를 고민하기 시작한 것으로 보인다. 안철수 캠프에 참여했던 강동호 씨의 증언이다.

다시 단일화 과정 때로 돌아가보면, 그 당시 안철수는 자신이 사퇴하기 직전까지도 어쨌든 자신이 우위에 있다고 인식하고

있었어요. 대통령 적합도 여론조사에서 안철수가 문재인에게
질 때는 있었는데, 그런데도 안철수나 진심캠프 주류 분위기
는 대체로 안철수가 여전히 우위에 있다고 생각했던 것 같아
요. 그러니까 계속 버티면 안철수로 단일화될 거라는 얘기죠.
너무나 당연한 얘기지만 결국 단일화의 기본 취지가 상대 후
보인 박근혜 후보와의 본선 경쟁에서 누가 더 이길 가능성이
높은가에 있는 것이니까. 본선 경쟁력에서 우위에 있는 사람
으로 단일화돼야 한다는 생각이 안철수의 주변에서는 강했
던 거 같아요.

그런데 당시 저를 포함하여 캠프 내부의 일부 사람들 사이에
서는 우리가 이미 골든크로스를 넘어섰다, 우리가 꺾였다는
생각을 했어요. 실제 단일화 경선을 한다면 안철수가 질 것
같다는 생각 말이죠.[10]

대등한 후보단일화
협상

11월 14일 후보단일화 협상을 중단한 후 안철수의 선택지는
세 가지였다. 후보단일화를 결렬하고 독자적으로 완주하는

것, 다시 대등한 후보단일화에 참여하는 것, 그리고 사퇴였다. 하지만 일단 후보단일화를 시작해놓고 결렬시킬 경우, 야권 패배의 책임은 온전히 안철수가 져야 했다. 안철수 캠프는 깊은 고민에 들어갔고 그럴수록 야권 지지자들의 단일화 압박과 안철수에 대한 실망은 점차 커져갔다.

양측 캠프는 단일화 협상 결렬에 대한 책임공방에 나섰다. 안철수는 11월 15일 언론사 정치부장과의 간담회에서 문재인이 잘못된 보고를 받고 있다고 말을 했다. 뒤이어 16일 오전 기자회견에서는 '진정으로 하나가 되기 위해 민주통합당이 할 일이 있다. 민주통합당이 확고한 쇄신과 혁신 과제를 실천해주시길 바란다'는 취지의 말을 했다. 그러나 '확고한 쇄신과 혁신 과제'가 무엇인지 불분명했다. 일각을 다투는 순간에 애매모호하게 말하는 안철수에게 여론은 냉담했다.

문재인은 단일화 협상 재개를 선명하게 주장하며 안철수를 압박했다. 오마이뉴스 '열린 인터뷰'에서 문재인은 판이 깨질 만한 사정이 발생하지 않았다, 시간이 절대적으로 부족하니 협상의 장으로 돌아오길 바란다며, 반드시 단일화를 국민이 바라시는 아름다운 모습으로 이루겠다고 약속드린다고 말했다.

유권자들은 '문재인은 후보단일화를 원하고 안철수는 후

보단일화를 원하지 않는다'고 인식하게 되었다. '안철수가 야권의 승리를 원하긴 하는 것이냐, 이명박 대통령의 측근이다'라는 안철수의 정치적 정체성 논란이 일각에서는 다시 제기되었다. 이쯤 되자 후보단일화를 지지하는 것이 문재인을 지지하는 것과 감정적으로 섞이게 되었다. 그 결과 문재인은 더 큰 우세를 점해갔다.

안철수는 마땅한 돌파구를 찾지 못하고 있었다. 이제 후보단일화를 할 수 있는 방식은 시간제약상 현실적으로 여론조사밖에 없었다. 안철수 캠프의 금태섭 상황실장 등은 여론조사 협상안을 만들었지만 캠프 내에서는 여론조사를 하면 진다는 인식이 컸다. 지지율이 점차 떨어지고 있었을 뿐 아니라 민주통합당이 조직동원을 하면 여론조사 결과가 왜곡될 것이라는 우려가 팽배했다. 금태섭 상황실장의 회고다.

단일화 시한을 후보 등록일자로 정해놓았기 때문에 점점 모바일 투표를 포함한 국민경선은 불가능해졌다. 이제 현실적으로 남은 대안은 여론조사밖에 없었다… 큰 틀에서 합의가 이루어지면 문구를 조정하는 일은 큰 걸림돌은 아니었다… 캠프에 들어갔더니 박선숙 본부장이 있었다. 여론조사로 후보를 정하게 될 것 같다고 얘기를 꺼냈는데 뜻밖의 대답이 돌아왔다. 여론조사는 안 된다는 것이다. 여론조사가 '오염'됐기 때문에 단일화 방식으로 신뢰할 수 없다고 했다. 그럼 무슨 방법이 남는다는 말인가… 박 본부장에게 여론조사 외에 다른 무슨 방법이 있느냐고 물었지만 뚜렷한 답이 없었다. 답답한 마음을 안고 협상장으로 돌아왔다.[11]

문재인의 단일화 압박은 더욱 강해졌다. 민주통합당은 이해찬 당대표와 최고위원들이 당직을 사퇴하며 다시 한번 단일화를 촉구했다. 야권단일화를 위해서 친노 세력의 주도권을 포기하겠단 의지였다. 이제 안철수가 다시 단일화에 나서야 한다는 압박이 이어졌다. 문재인은 압박의 강도를 더 높여 11월 18일 기자회견을 통해 단일화에 대한 룰을 정하는 문제는 안철수 측에 일임한다고 선언했다. 사실 18일에는 시간제약상 여론조사 외 다른 방식은 불가능했다. 그렇기 때문에 문재인의 '단일화 방안 안철수 일임 선언'은 사실 내용상으로 큰 의미가 없었다. 하지만 문재인이 모든 걸 양보하는 듯한 행동을 할수록 안철수는 단일화에서 빠져나가기 어려워졌다.

결국 안철수는 18일 "제 모든 것을 걸고 단일화를 꼭 이루겠다"면서 단일화 협상에 복귀했다. 후보등록을 고작 며칠 앞둔 상황에서 대등한 후보단일화를 위한 룰 협상이 시작된 것이다. 안철수 측은 처음으로 구체적인 단일화 방안을 제시했다.

여론조사와 공론조사를 50%씩으로 하자는 안이었다. 공론조사는 본래 이해관계가 복잡한 문제에 대해, 각 이해당사자들의 공론을 청취한 후 여론조사를 실시하는 방법이다. 불특정 다수를 대상으로 할 수가 없기 때문에 미리 공론과정에 참여할 대상자를 추출해야 한다. 안철수 측은 공론조사의 의미를 '사전 공론절차를 갖는 것'보다는 '대상자를 미리 정하는 것'에 초점을 맞춰 사용했다. 일단 공론을 할 시간적 여유가 없었다. 안철수 측은 민주당 중앙대의원과 안철수 펀드 가입자를 각각 1만4천 명 무작위 추출하여 후보를 결정하자고 했다.

문재인 측으로선 받아들일 수 없는 조건이었다. 문재인 측은 민주당 대의원과 안철수 펀드 가입자들은 근본적으로 성격이 다르다고 주장했다. 민주당 대의원은 민주당원이 된 동기가 다양하기 때문에 모두가 문재인을 지지하지는 않는다. 특히 '친노'를 싫어하는 세력은 문재인보다 안철수를 지지할 유인이 꽤 컸다. 반면 안철수 펀드 가입자는 적극적인 안철수 지지자임이 확인된 사람들이었다. 안철수에게 유리한 공론조사 결과를 50% 반영하는 것은 안철수에게 일방적으로 유리한 방식이었다.

그래도 룰 협상은 계속되었다. 둘 다 단일화가 절박했기 때문이다. 문재인 측은 여론조사 50%, 일반시민 대상 공론조사 50%를 주장했다. 여론조사가 이미 일반시민을 대상으로 이뤄진다는 점에서 사실상 여론조사 100%와 다르지 않은 방식이었다. 안철수 측은 이에 동의하지 않고 자신들의 공론조사 안을 수용해야 한다고 주장했다. 문재인이 단일화 방식을 안철수 측에 일임했다는 이유였다.

안철수 측이 공론조사 안을 계속 요구했던 것은 이 시기 대부분의 여론조사에서 문재인에게 뒤지는 결과가 나왔기 때문이다. 당시 여론조사 결과를 보면 문재인은 다자구도에서 안철수를 지속적으로 앞서나가고 있었다. 특히 야권 단일 후보로 누가 적절하냐는 질문에는 9개 조사에서 모두 문재인이 안철수를 압도하고 있었고, 대부분 오차범위를 넘는 수준의 차이였다.

결국 안철수는 공론조사를 포기하고 여론조사를 진행하기로 한다. 이 시점에 와서는 안철수도 대등한 후보단일화를 해내든지 선거를 포기하든지 둘 중 하나였기 때문이다. 문재인 측은 '적합도'를 묻는 방식으로 '야권의 단일 후보로 문재인, 안철수 중 누가 적합하다고 생각하십니까?'라는 문항을 제시했다. 안철수 측은 '가상 양자 대결' 방식을 주장했다. '문재인 대 박근혜', '안철수 대 박근혜'를 상정하고 양자구도에서 누구를 뽑을지를 조사해 그 격차를 비교하는 것이다. 양측은 기존의 여론조사에서 각자 조금이라도 긍정적인 결과가 나오는 질문을 제시한 것이었다.

문재인 측은 한발 물러나 '적합도'와 '지지도' 조사를 각각 50%씩 반영하는 안을 주장했다. 하지만 안철수 측은 '가상대결'을 고수했다. 여론조사 문구 협상은 장장 15시간이나 이어졌다. 하지만 두 후보 측은 결론을 내지 못했다. 결국 협상단은 후보 간 회담을 약속하고 결론 없이 각자의 캠프로 돌아갔다.

고성이 오간
마지막 양자회담

11월 22일 문재인과 안철수는 후보단일화를 위한 마지막 양자회담을 했다. 둘만 들어간 호텔 방에서는 벽을 타고 두 사람의 격앙된 고성이 들려왔다고 한다. 당시 회담 장소에서 문재인을 기다렸던 노영민 의원은 다음과 같이 말했다.

두 후보가 어떤 이야기를 나눴는지 정확히는 모릅니다만 격렬한 대화가 있었던 건 분명해 보입니다. 호텔 방을 하나 잡아서 두 후보가 마주 했는데 꼬박 한 시간 정도 있다가 후보가 나오셨어요. 문 후보는 늘 침착한 편인데 그날 회담장을 나설 때는 다소 상기된 표정이었습니다. 호텔 방 문을 나섰는데도 계속 생각에 잠겨 있었는지 나가는 방향을 잠시 잊으셨을 정도였으니까요.[12]

이날 회담에 대해 안철수도 큰 실망을 한 듯하다. 안철수 진심캠프에 참여했던 강동호 씨는 아래와 같이 말한다.

안철수와 문재인이 마지막으로 만났을 때 안철수가 문재인에 대해 인간적인 실망을 한 게 있는 것 같아요. 그게 마음속에 깊이 자리잡았죠. 사퇴 이후 문재인 지지 유세를 하기 위해 지역을 돌아다닐 때, 안철수가 지역포럼 대표자들에게 한 얘기가 있어요.

자신이 지금 말하지 못한 그 무언가, 지금 말할 수 없는 그 무엇인가를 선거가 다 끝나고 나서 밝히겠다는 거였죠. 포럼 대표자들이 '왜 사퇴했냐'고 비판하니까 안철수가 그에 대한 답으로 그런 말을 했어요.[13]

결국 이날의 양자회담은 아무런 성과 없이 끝났다. 전해진 바에 따르면, 후보들은 서로 본인에게 양보해야 하는 이유를 설득했다. 문재인은 안철수와의 단일화를 간절하게 원했다는 점에서 후보 사퇴를 제외하고서 가능한 최대한의 보상을 준비했을 것이다.

하지만 문재인의 약속은 이행 가능성이 너무 낮은 것이었다. 현직 국회의원이 단 한 명뿐인 안철수 캠프의 입장에서는 약속을 담보할 수단이 마땅치 않았다. 안철수가 가진 힘은 대선 여론지지도에서 나온 것이다. 안철수가 가진 자원은 대선을 지나거나 안철수가 사퇴함과 동시에 가치를 크게 잃는다.

안철수는 계속 자신에게 양보해야 박근혜를 이길 수 있다고 주장했다고 알려졌다. 그런데 사실 안철수는 문재인에게 해줄 수 있는 보상이 거의 없었다.

특히 문재인은 민주통합당이라는 공당의 후보로서, 사퇴에 대한 장벽이 안철수보다 더욱 높았다. 일단 서울시장 후보에 이어 대통령 후보까지 출마를 못한다면 민주통합당의 정통성과 필요성에 대한 문제 제기가 있을 수밖에 없었다. 문재인은 사퇴해서는 안 된다는 강한 압박을 받았다고 회고한다.

제가 밖으로부터는 '통 큰 양보'를 당부받고 있을 때, 민주당

안에서는 제가 혹시라도 무르게 양보할까봐 정반대의 주문들이 많았습니다. 민주당의 후보이므로, 또 100만 국민경선에 의해 선출된 후보이므로 제 독단으로 양보하면 안 된다는 것이었습니다.[14]

이러한 명분의 문제 외에 현실적인 문제도 있었다. 민주통합당은 원내 정당으로 대선 국고보조금 500억 원가량을 지급받았다. 이중 상당액은 예비선거운동 기간 동안 사용했고, 이후 본 선거운동에 사용할 비용 역시 거의 계약을 마친 상태였다. 만약 문재인이 후보등록을 안 하고 사퇴할 경우 민주통합당은 500억 원의 국고보조금을 반납해야 했다. 이 경우 민주통합당은 사실상 부도였다.

이렇게 서로 구미가 당길 만한 보상책을 내놓지 못한 상태에서 양보론은 접점을 찾지 못하고 허공에 맴돌 뿐이었다.

여론조사에 대한
최종 조율과 특사회담

11월 22일 오전 양자회담이 끝난 후, 안철수는 오후 일정을 모두 취소하고 고민에 들어간다. 물론 문재인 측도 향후 대책을 분주히 논의하기 시작했다. 후보 간 양자회담에서 결판을 기대했던 야권 지지자들은 크게 낙담했다. 22일 저녁 '정치개혁과 단일화 실현을 위한 문화예술인·종교인 모임'은 문재인, 안철수 측의 안을 정리한 '적합도+가상대결' 방안을 제시하며 조속한 단일화를 요구했다.

문재인 측은 이런 요구를 바로 수용하고 안철수 측에도 수용할 것을 제안했다. 안철수가 요구하던 가상대결 방식을 일부 수용한 것이다. 바로 답이 없던 안철수 측은 밤이 늦어서야 기자회견을 열었고 '지지도+가상대결'안을 역제안했다. 기존의 가상대결 100% 방안에서 한발 물러난 것이다. 기자회견에 나선 안철수 캠프 박선숙 본부장은 '이것이 마지막 제안'이라며 더 이상의 양보가 불가능하다고 못을 박았다.

유권자들은 후보단일화 지연에 대해 안철수를 탓했다. 지지율이 점차 떨어지는 상황에서 안철수는 진퇴양난에 빠졌다. 안철수는 11월 22일 양자회담 이후 문재인이 양보할 가능성이 없다고 확신하게 되었다. 이제 단일화를 파기하고 다자구도로 가느냐, 여론조사를 수용해 단일화에 도전해보느냐의 선택이 남았다. 당시 안철수가 다자구도에서 당선될 가능성은 희박했을뿐더러 '모든 것을 걸고 후보단일화를 하겠다'

는 약속을 파기하고 여론의 지지를 얻을 가능성은 전무했다. 결국 안철수는 조금 양보해서라도 여론조사 방식의 단일화를 해보기로 한다. 안철수 캠프 금태섭 상황실장은 이렇게 이야기한다.

시간이 없었다. 단일화 협상은 교착 상태였고 민주당 협상팀은 우리 팀이 아예 협상 의지가 없이 시간만 끈다고 비난하고 있었다. 새로운 안은 내지 않은 채 버티고만 있으니 크게 탓할 일도 아니었다… 그때까지 우리 측은 공식적으로 가상대결 안을 밀어붙이고 있었지만, 이 안은 2002년 때와 마찬가지로 지지도와 적합도를 섞은 것이었다. 주관적인 판단이었지만 협상팀 멤버들은 안 후보에게 승산이 있다고 생각했다. 물론 민주당의 문재인 후보가 승리할 가능성도 있었다. 그러나 상대방에서 받지 않을 방식을 아무리 고집해봐야 소용없었다. 그쪽에서도 승산이 있다고 판단할 만한 방식을 제시해야 했다. 무엇보다 우리에게는 더 이상 상황이 악화되거나 혹시라도 안 후보가 선거를 포기하는 일이 일어나기 전에 돌파구를 열어야 한다는 절실함이 있었다.[15]

문재인 캠프 내에서는 안철수 측의 '지지도+가상대결'안에 대해 논의해볼 만한 것으로 받아들인 듯하다. 문재인 캠프의 홍영표 상황실장은 "받을 수도 있지만 여전히 미심쩍었고 협상 상대에 대한 공격적인 태도 역시 지극히 비상식적이었다"라고 평가했다.[16] 안철수 측은 지지율이 더 떨어지기 전에 한시라도 빨리 여론조사를 진행해야 했다. 23일 아침 안철수는 문재인에게 직접 전화를 걸어 특사회담을 제안했다.

문재인 측 이인영 의원과 안철수 측 박선숙 본부장은 23일 정오 특사회담을 갖게 된다. 박선숙 본부장은 22일 밤 기자회견을 통해 밝혔던 '지지도+가상대결'안을 5장, 20여 개 문항으로 정리한 문건을 들고 나왔다. 이인영은 문건의 몇 가지 지점에 대해 이견을 제기했지만, 박선숙은 이 제안을 그대로 수용하는 것 외에 다른 선택지는 없다고 반복했다.

안철수 측 제안에서 특이한 점은 여론조사 업체를 하나만 선택하도록 한 것이다. 보통은 조사의 신뢰도를 위해 복수의 여론조사 업체에 조사를 의뢰한다. 2002년 노무현-정몽준 단일화에서도 복수의 여론조사 업체가 참여했다. 안철수 측은 여론조사 업계 전반에 대한 불신을 가지고 있었던 것 같다. 안철수 측은 자신들이 신뢰할 수 있는 여론조사 업체를 하나만 선택한다면 유리한 결과를 도출할 수 있다고 판단한 듯하다. 혹은 하나의 업체에 자신들의 운을 맡겨보려고 한 것일 수도 있다.

문재인에게 협상의 전권을 위임받았지만 이인영 의원은 결정을 내리지 않은 채 캠프로 돌아왔다. 이인영과 문재인 캠프에서는 하루 정도 시간을 더 가질 수 있다고 판단한 듯하다. 문재인의 지지율이 비교적 상승세였던 만큼 민주통합당으로서는 서두를 것이 없었다. 하루를 더 미룬다고 해도 안철수가 더 물러설 곳이 없었다. 그동안 안철수의 제안을 좀 더 구체적으로 시뮬레이션해볼 수도 있었다.

문재인 측이 생각한 최종적인 협상 마감 시한은 11월 24일 정오였다. 이인영–박선숙 특사회담 24시간 후였다. 당시 상황에 대한 문재인의 회고다.

당시 우리가 설정하고 있던 협상의 최종 마감 시한은 11월 24일 정오였습니다. 후보 등록 마감이 26일이었기 때문에, 늦어도 24일 정오까지만 합의가 이뤄지면, 바로 오후부터 여론조사를 실시해 26일 오후에 결과를 내고 후보 등록을 할 수 있었습니다. 여론조사 기관은 방법만 합의되면 곧바로 선정할 수 있도록 양측에서 공감대가 모아진 대상 기관 몇 곳을 타진해둔 상태였습니다… 그래서 우리는 그날 밤 심야 또는 늦어도 다음 날 이른 아침 두 후보가 만나는 것을 당연히 남은 수

순으로 여겼습니다⋯ 그렇게 하더라도, 협상의 마지막 시한까지 가서 '단일화를 위해 어쩔 수 없었다'는 명분을 내세워야 민주당원들을 설득할 수 있다는 생각이 강했기 때문입니다. 하지만 시간이 없다는 것을 알았다면, 더 일찍 결단할 수도 있었을 것입니다. 물론 그랬을 경우 제가 이기리라는 보장은 없습니다. 그러나 단일화가 목표가 아니라 대선 승리가 목표였던 만큼 모험을 피하지 말았어야 했습니다.[16]

안철수 측의 '지지도+가상대결'안을 받자는 의견이 우세해지자 민주통합당은 그 조건에 따라 긴급 여론조사를 실시했다. 문재인은 선거 이후 회고에서, 마지막으로 남은 후보 담판에서 더 이상 협상의 여지가 없다고 판단되면 우리가 양보해 안 후보 측의 안을 받기로 의견을 모았다고 이야기한다. 단일화 협상을 최종적으로 깰 생각은 아니었다는 것이다.[17]

이때, 안철수가 긴급 기자회견을 개최한다는 속보가 들려왔다. 문재인 캠프는 안철수가 박선숙 본부장이 특사회담에서 한 제안을 다시금 공개적으로 하는 것일 거라고 예상했다. 그런데, 안철수는 11월 23일 저녁 기자회견에서 갑작스럽게 후보 사퇴를 선언한다.

안철수의
후보 사퇴

"존경하는 국민 여러분, 저는 오늘 정권교체를 위해서 백의
종군할 것을 선언합니다."

누구도 예상치 못한 일이었다. 후보단일화 논의가 막바지로
향하고 있던 때에 왜 안철수는 돌연 사퇴를 선언했을까? 두
가지 추론이 가능하다. 첫째, 안철수가 11월 23일 저녁을 협
상의 마지노선으로 생각해 후보단일화 협상이 최종적으로 결
렬되었다고 판단한 경우다. 둘째, 안철수가 본인의 제안대로
여론조사를 실시해도 문재인에게 질 것이라 판단한 경우다.

우선 안철수가 후보단일화 협상이 최종적으로 결렬되었
다고 판단했을 경우를 가정해보자. 문재인은 안철수가 협상
의 마지노선을 23일 저녁으로 생각해서 사퇴를 발표했다고
추측한다.

아마도 협상 최종 마감 시한에 대한 양쪽의 생각이 달랐던
게 아닌가 싶습니다. 우리는 협상 마감 시한을 24일 정오로
생각했던 반면, 안 후보 측에서는 23일까지로 생각했던 것 같

습니다.

또 우리는 후보들 간에 마지막으로 의견을 교환하거나 최종 의사를 통고하는 마무리 절차가 어떤 형태로든 있을 것으로 예상했습니다. 회동이나, 하다못해 전화 통화라도 있을 것으로 생각했습니다.[18]

하지만 안철수가 23일을 최종적인 후보단일화 기한으로 생각하지는 않았을 것으로 보인다. 당시 후보 및 특사회담뿐 아니라 후보단일화 시 실무적 지원을 위한 다수의 채널이 소통하고 있었는데 두 캠프가 기한을 달리 생각하기는 어렵다. 안철수 캠프의 금태섭 상황실장이 자신의 저서에서 "11월 23일이 되었다. 단일화 시한으로 정한 후보 등록일까지 단 하루의 여유만을 남긴 날이었다"라고 말한 것으로 보아 안철수 캠프도 24일을 후보단일화 기한으로 생각한 것으로 보인다.

안철수가 본인이 제기한 여론조사 방식을 문재인이 수용해도 본인이 질 것으로 예상했을 수 있다. 문재인 캠프 측 노영민 의원은 안철수 측 제안대로 여론조사를 해도 문재인이 오차범위 이상으로 우세하다는 여론조사 결과를 안철수가 전해 듣고 사퇴했을 것으로 본다고 이야기한다. 문재인 캠프 홍영표 상황실장의 회고다.

특사회담이 결렬되는 것이 거의 확실해지던 시점에 진심캠프를 취재하고 있던 복수의 기자들로부터 전화를 받았습니다. '특사 회동이 결렬되어도 문 후보가 안 후보의 요구를 무조건 다 받기로 결정했고 그런 내용의 기자회견을 준비하고 있다는데 사실이냐'라고 묻는 전화였습니다. 속으로 '어떻게 알았지?' 싶었습니다. 우리는 사실 그때 박선숙의 최종안을 받기로 거의 의견을 모은 상태였습니다…

추정컨대 진심캠프 측도 기자들이 알고 있는 만큼의 내용을 인지하고 있지 않았나 생각합니다. 우리가 당 자체 여론조사를 돌렸고 오차범위 이상으로 이기는 결과를 받았다는 것도 알 사람은 다 알고 있었습니다.[19]

그런데 안철수가 본인이 진다고 생각했더라도 왜 문재인과의 협의 없이 깜짝 사퇴를 했는지는 여전히 의문이 남는다. 안철수는 후보 사퇴를 향후의 정치적 행보와 연관해 고려한 듯하다. 이제 막 정치를 시작한 안철수는 제대로 서보지도 못하고 밀려날 수도 있다는 부담이 있었던 것으로 보인다. 안철수 캠프의 금태섭 상황실장은 후일을 모색하기 위해 사퇴도 고려해야 한다는 조광희 후보 비서실장과의 대화를 회고한다.

안철수 후보가 사퇴할지도 모른다는 전조는 며칠 전부터 있었다. 후보 비서실장인 조광희 변호사와 단일화에 대해서 얘기를 하다보면 그런 기미가 느껴지곤 했다. 조 변호사는 가장 중요한 것은 후보이며 후보 위주로 생각해야 한다고 말했다. 단일화가 잘되면 좋지만 만약에 그렇지 못할 경우 깨끗하게 포기해야 후일을 기약할 수 있다는 것이다.

이미 마음 한구석에 불길한 예감을 품고 있던 나에게 그 말은 예사롭게 들리지 않았다. 비서실장이라는 직책상 조 변호사는 후보와 같이 있는 시간이 많고 다른 사람들과 의논하는 자리에도 배석하는 경우가 있다. 그러니 그의 말에는 후보의 생각이 반영되었을 수도 있었다.[20]

안철수가 대선 이후의 정치적 생존까지 염두에 두고 사퇴 방법을 결정했다고 가정하고 안철수의 세 가지 선택지를 비교해보자.

첫째, 질 가능성이 큰 여론조사를 강행하는 것이다. 모두의 이목이 집중된 후보단일화 여론조사에서 안철수가 진다면 안철수의 새 정치는 명분을 잃는다. 안철수는 문재인 중심의 야권의 일부가 되어야 한다. 안철수는 국회의원도 아니었고, 가진 것은 오직 새 정치의 명분뿐이었다. 이 명분을 잃는다면 대선 이후 안철수의 영향력은 급격히 축소될 것이다. 이러한 상황에서 안철수는 가능성이 작은 여론조사를 강행하는 것보다 스스로 사퇴하는 것을 선택했다.

그렇다면 안철수는 왜 사퇴 의사를 문재인에게 미리 밝히지 않았을까? 문재인에게 사퇴 의사를 미리 밝히는 둘째 선택지와 문재인에게 사퇴 의사를 밝히지 않는 셋째 선택지를 비교해보자.

문재인과 협의하여 사퇴할 경우 안철수는 문재인에게 일정한 보상을 약속받을 수 있다. 아마도 22일 양자회담에서 보상이 어느 정도 언급되었을 것이다. 반면 안철수가 감당해야 할 손해는 새 정치의 명분을 상실하는 것이다. 이러한 손해는 회복이 불가능한 수준의 타격이 아니다. 정권교체를 위해 희생했다는 명분이 있기 때문에 '그림을 잘 만들면' 충분히 극복할 수 있다.

그런데도 안철수는 문재인에게 사퇴 의사를 미리 밝히지 않았다. 문재인이 어떤 약속을 했는지와 무관하게 약속이 이행될 가능성은 상당히 낮았다. 만약 1997년 DJP연대에서의 권력분점 약속처럼 이행 가능성이 비교적 높고 보상 내용이 구체적이었다면, 안철수는 문재인을 만나 사퇴 의사를 밝히며 약속을 물릴 수 없도록 하는 방법을 선택했을 것이다. 사퇴 당시 안철수는 당연히 극도의 좌절감과 피로감을 느꼈을 것이다. 그런 와중에 굳이 문재인에게 사퇴 의사를 먼저 밝힐 필요를 느끼지 못했던 것으로 보인다.

결국 사퇴의 원인은 선거운동을 더 해도 지지율을 끌어올리기는 어려울 것 같다는 안철수의 비관적인 전망이다. 선거운동 기대효과가 바닥난 것이다. 금태섭 상황실장은 안철수가 캠프의 간부들을 불러 사퇴 의사를 밝힐 때, 반대하는 사람은 많지 않았고 대체로 후보의 결정을 수용하는 태도였다며, '며칠간의 분위기를 통해서 이미 후보의 마음이 정해진 것을 알 수 있었다'라고 이야기한다. 안철수의 최측근인 박경철 신세계연합클리닉 원장은 단일화가 생각대로 풀리지 않는다고 불평하면서 "이제 나의 목표는 내 가장 사랑하는 친구를 조금이라도 상처를 적게 빼내는 것"이라고 말한 것으로 알려졌다.[22]

안철수의
선택적인 협력

18대 대통령 선거일인 12월 19일, 안철수는 승리도 패배도 자신의 것은 아니라는 듯 이른 시간 투표를 하고 미국행 비행기를 탔다. 문재인 지지자 중 일부는 대선 당일 미국행을 선택한 안철수가 무책임하다고 비판했다. 끝내 안철수는 문재인과 무관하다는 메시지를 지지자들에게 주었다는 것이다. 문재인은 "제가 승리할 경우 공동정부나 연정 구성 같은, 예상되는 민감한 논란의 중심에 그가 직접 서게 되는 것을 피하기 위한 것"으로 이해했다며 안철수를 두둔했다. 안철수의 대선 당일 출국을 어떻게 평가하든, 대선 결과의 여파로부터 한 발 떨어져 차후를 모색하려는 행동인 것은 확실했다.

문재인과 안철수의 후보단일화를 통해 야권 지지층의 투표가 분열되는 것은 막을 수 있었다. 하지만 순탄하지 못했던 후보단일화는 기존 야권 지지층을 넘어서는 연대를 구축하지 못했다. 지루하고 괴로웠던 후보단일화 과정으로 문재인과 안철수는 서로 다투면서 결국 박근혜에 맞서 새로운 유권자층을 설득할 비전을 제시하지 못한 채 선거는 패배로 끝나고 만다.

후보단일화 후 표심 이동

우리 편끼리의 단일화인가: 후보 간 이념적 거리

어떤 경우에 단일화 후보들 사이의 표심이 이동할까? 일단, 두 후보가 이념적으로 가깝다면 지지가 쉽게 가능할 것이다. 다시 말해, 후보단일화 경선에 참여하는 후보들 간의 이념적 거리가 가까울수록 후보단일화는 수월해진다. 가령 극우를 0, 극좌를 10으로 하는 이념적 좌표가 있다고 한다면, 각각 2와 3에 있는 후보들이 2와 7에 있는 후보들보다 후보단일화가 쉽다.

현실 선거에서 후보들 간의 이념적 거리를 한 가지 기준만으로 판단하기는 어렵다. 하지만 대선과 같은 단순다득표제 선거는 선거구도를 흔히 '너-나', '보수-진보', '수구-개혁'과 같이 이분법적으로 만드는 경향이 있다.[6] 그렇기 때문에 후보단일화는 유권자들이 이분법적 구도하에서 '같은 편'으로 인식하는 후보들 사이에서 이루어지는 경우가 많다.

대선에서 2012년까지의 후보단일화는 대부분 민주개혁

세력의 연대 전략이었다. 1987년 김대중-김영삼, 2002년 노무현-정몽준, 2007년 문국현-정동영, 2012년 문재인-안철수의 단일화 시도는 모두 강한 패권을 가지고 있는 보수 정권에 맞서기 위한 민주개혁 세력의 생존 전략이었다. 이들을 지지하는 유권자와 시민사회는 보수 정권을 막아야 한다는 명분으로 민주개혁 세력 간의 후보연대를 강하게 추동했다. 1997년 김대중-김종필의 경우, 영남 대 반영남 사이의 이분법 구조가 작동했다. 1997년 대선은 박정희부터 김영삼까지 이어져온 영남 지역 출신 대통령의 시대를 끝내기 위한 다른 지역들 간의 연대였다고 볼 수 있다. 2017년 대선에서는 박근혜 대통령 탄핵을 계기로 민주진보 세력의 지지율이 높아지면서, 보수 진영 후보들끼리 단일화가 시도되기도 했다.

균열구조의 특성

국민들의 정치적 의견이 크게 보았을 때 무엇을 기준으로 무리지어 있는가를 두고 정치학적으로 '균열구조'라는 표현을 쓴다. 이 균열구조에 따라 주요 정당들의 정책 방향이 정해지고, 후보들도 배치된다. 가령, 2차대전 이후의 유럽에서처럼 국민들의 계급적 정체성이 강하다고 해보자. 이 경우 노동자와 자본가 사이의 계급 갈등이 해당 국가의 '균열구조'이고 주요 정당과 후보들도 계급적 정체성과 경제 정책에 따라 나뉠 것이다. 영국의 '보수당-노동당' 등이 대표적인 사례일 것이다.

한국 정치의 균열구조는 학자들 사이에서도 다양한 의견이 있지만, 보통 경제 정책에서의 좌파-우파, 북한에 대한 포용-배척, 영호남의 지역주의가 섞여 있다고 평가되곤 한다.

균열구조의 유형은 크게 '정도에 따른 균열구조'와 '정체성에 따른 균열구조' 두 가지로 나뉠 수 있다. '정도에 따른 균열구조'는 쉽게 말하면 각 후보를 일직선상에 세워 "A후보는 2, B후보는 6"과 같은 방식으로 점수를 매길 수 있는 균열이다. 이런 균열구조에서는 각 후보들 사이의 위치가 '가깝다, 멀다'를 쉽게 평가할 수 있다. 가장 대표적인 것이 이념적인 균열이다. 선거를 앞두고 각 언론에서는 후보들의 이념적 위치가 보수-진보 중 어디쯤인지 점수화하여 보도하곤 한다. 이렇게 '정도에 따른 균열구조'가 한국 정치의 핵심적인 균열구조라면 상대적으로 누가 한편인지를 판단하기 쉽다. 이 경우 어떻게 짝을 지어야 성공하는 후보단일화가 되는지도 명확하다.

'정체성에 따른 균열'은 '점수 매기기'와 같이 후보들 사이에 상대적인 위치로 평가하기 어렵다. 지역·민족·종교·인종적 균열이 이러한 종류의 균열이다. 가령 지역주의 균열구조에서 호남과 충청이, 호남과 영남보다 '가깝다, 멀다'로 이야기하기는 어렵다. 물론 이 경우에도 역사적·문화적인 상황에 따라 PK-TK(지역), 흑인-히스패닉(인종)처럼 상대적 친화성이 있을 수는 있지만 이러한 정체성에 따른 균열구조에서는 정도에 따른 균열구조의 경우처럼 어떻게 지지 이전이 될지 쉽게 예상하기는 어렵다.

이 경우 후보단일화를 통해 지지 후보가 사퇴하면 지지자들의 선택은 복잡해진다. 자신들의 정체성을 대변해줄 새로운 후보를 찾을 수도 있고, 다른 균열구조에 따라 투표할 수도 있다. 마땅한 선택지가 없을 경우 기권을 할 수도 있다. 가령 1997년 대선에서 지역주의에 따라 김종필을 지지하던 충청권 유권자들의 선택을 보자. 그들은 다른 충청권 후보인 이회창이나 이인제를 지지할 수도 있고, 자신의 계층적 입장에 따라 김대중이나 이회창을 지지할 수도 있다. 물론, 1997년 대선에서 이 유권자들의 선택에 가장 중요한 영향을 미친 건 사퇴한 김종필이 누구를 지지하느냐, 김대중이 김종필을 어떻게 대우하느냐였다.

한 국가에서의 정치적 균열구조가 단순하지 않고 여러 층으로 존재하면 지지 이전을 예상하기가 더욱 어렵다. 하나의 균열구조가 있는 경우 후보들은 지지가 어떻게 옮겨갈지 보다 쉽게 예측할 수 있고, 유권자들 역시도 후보단일화 후에 누구를 지지할지를 비교적 단순하게 결정할 수 있다. 하지만 균열구조가 여러 층으로 존재한다면 후보와 유권자들의 결정은 복잡해진다. 한 균열구조에 따르면 '같은 편'인 후보들 사이에서도 다른 균열구조까지 같이 고려할 때 후보단일화를 안 하는 게 나은 경우가 생긴다. 가령 경제적인 정책을 두고 좌파와 우파가 갈려 있는 와중에, 지역주의도 있다고 하면 후보단일화의 경우의 수가 많아지는 것이다.

한국 정치의 균열구조는 앞에서 언급한 바와 같이 '경제적 이념', '대북정책', '지역주의'가 섞여 있다고 흔히들 평가한다. 이것들이 섞여 통상 '반反이명박'과 같은 방식으로 단순하게 나타나기도 한다.

단일화에서 떨어진 후보의 리더십: 후보 개인의 지지 유인

단일화에서 사퇴한 후보가 어떤 리더십을 갖고 지지자들과 연결되어 있는지도 지지 이전과 관련이 있다. 일단 한 무리의 유권자들이 특정한 이념, 정책을 지지하는 것이 먼저이고, 특정 후보가 이를 대변한다는 이유로 유권자들에게 지지받는 경우가 있을 수 있다. 이 집단의 유권자들은 후보단일화로 후보가 사퇴한 경우에도 자신들이 지지하는 이념·정책이 사라지는 것이 아니기 때문에 다른 대안을 찾을 것이다. 즉 자신이 지지하는 이념·정책과 다른 후보들의 거리를 고려해 새로운 지지 후보를 선택하거나, 기권을 선택할 수 있다. 가령 2002년 대선에서 경제회복을 잘할 것 같아서 정몽준을 지지했던 유권자는 정몽준의 사퇴 이후 경제회복을 염두에 두고 다른 후보를 선택하거나 기권할 수 있는 것이다.

반면, 후보의 개인적 리더십 때문에 지지할 경우에는 다른 양상을 보인다. 후보단일화로 인해 사퇴한 후보가 확실하게 후보단일화에서 이긴 후보를 지지하거나, 확실한 보상을 약속받은 경우에야 지지는 쉽게 옮겨갈 것이다. 가령 1997년 대선에서 충청의 맹주였던 김종필은 적극적으로 김대중 선거운동에 참여했고, 김대중도 2년 후 김종필에게 권력을 이양할 것을 약속했다. 이러한 이유로 충청 유권자들은 이회창, 이인제 등 다른 충청 출신 후보들이 아닌 김대중에게 더 많은 표를 주었다.

2017년

안철수
홍준표

6

최초의 보수판 후보단일화는
왜 이뤄지지 않았나

2017년 대선은 대통령 탄핵으로 7개월 앞당겨 진행되었다. 박근혜 대통령 탄핵은 직선제 개헌 이후 가장 큰 정치적 사건이었다. 최초의 대통령 탄핵과 조기 대선을 앞두고 정국은 매우 혼란스러웠다. 2012년 대통령 선거에서 석패한 문재인 외에는 안정된 지지층을 갖고 선거 준비가 된 후보가 없었다. 특히 보수 진영은 유력 대선 후보가 아무도 남지 않을 정도로 박살났다. 게다가 대선이 앞당겨지면서 제대로 준비할 시간도 부족했다. 안철수도 2016년 2월 새정치민주연합을 탈당하고 국민의당을 창당했지만 확고한 세력을 확보하지 못한 상태였다.

거품처럼 떴다 사라진
반기문

대선 정국은 대부분의 기간 동안 더불어민주당* 문재인의 우세로 진행되었다. 하지만 문재인에 대한 반감을 가진 유권자들도 적지 않았다. 실제 개표 결과에서도 문재인은 41.08%를 득표하여 2위인 홍준표를 사상 최대 표차로 이겼지만, 보수 후보인 홍준표·안철수·유승민의 합산 득표는 52.2%로 문재인보다 10% 이상 높았다. 또 2위, 3위 후보인 홍준표·안철수의 합도 문재인의 득표보다 많았다.

문재인을 지지하지 않는 유권자들에게는 구심점이 될 유력 후보가 없었다. 반기문 전 유엔사무총장, 안철수 국민의당 대표의 지지율이 짧은 기간 문재인을 앞서기도 했으나 오래가지 못했다. 대선 기간 내내 보수 진영의 후보단일화가 논의됐지만, 어떤 단일화도 실질적인 협상 단계까지 가지도 못했다. 각 후보들은 다른 보수 후보들이 사퇴해 자신에게 유리한 정국이 되길 바랐지만, 실제로 후보단일화가 가능한 타이밍은

* 민주통합당은 2012년 대선 패배 이후 당명을 민주당으로 바꾸었다가, 2014년 안철수의 새정치연합과 합당하여 새정치민주연합이 된다. 이후 안철수, 김한길 등이 다시 분당해나갔고, 문재인 주도로 당명을 '더불어민주당'으로 바꾸었다.

좀처럼 오지 않았다.

2017년 대선을 시기별로 나눠 보수 진영의 후보단일화가 절실했던 상황에서도 후보단일화가 이뤄지지 않은 이유를 살펴보자.

첫번째 시기는 2016년 12월 9일 국회의 박근혜 대통령 탄핵안 가결부터 2017년 2월 1일 반기문의 불출마 선언까지다. 이 시기는 반기문이 보수 진영의 후보로 주목받다가 점차 인기가 줄어들고, 결국 사퇴하는 기간이다.

12월 9일 국회에서 박근혜 대통령 탄핵안이 가결되며 대선 정국은 본격화되었다. 헌법재판소가 탄핵을 결정할지가 변수로 남았지만, 대부분의 국민들은 헌재도 탄핵 결정을 할 것이라 예상했다. 6개월 정도 후인 5월 전후에 대선을 치를 가능성이 커졌다. 후보들은 선거 준비에 착수하고, 각 당은 경선 일정을 짜기 시작했다.

2016년 12월로 예정된 유엔사무총장 퇴임을 앞두고 2016년 하반기부터 반기문의 대선 출마론이 제기되었다. 반기문은 2016년 11월까지 대선 후보 지지율 1위였다. 새누리당의 탄핵 찬성파는 새누리당을 탈당하고 신당 창당을 준비하였는데, 누가봐도 반기문을 맞이하기 위한 정당이었다. 이 세력은 나중에 바른정당이 된다. 여기에 안철수의 국민의당까지 합류할 것이란 전망도 있었다.

이 시기 문재인은 지속적으로 안철수에게 후보단일화를 제안했다. 문재인은 "국민의당이 '비非박계'와 손잡는 것은 호남 배반"이라며 "호남 민심을 받들다보면 자연스럽게 두 당이 힘을 모으게 될 것"이라고 강조했다. 반기문이 비박계 및 국민의당과 힘을 모아 박근혜의 과오에서 자유로운 새로운 보수 세력을 이룰까 걱정한 것이다.

그러나 탄핵 정국이 심화되며 보수 진영 전체의 지지율이 하락하고 반기문의 지지율도 하락하기 시작한다. 반면 탄핵 정국을 이끈 문재인의 지지율은 차츰 올라가면서 1위 후보로 올라선다. 준비 없이 대선판에 뛰어든 반기문은 우왕좌왕했다. 결국 그의 지지율은 한 자릿수까지 떨어지고, 결국 2월 1일 불출마 선언을 한다. 출마 선언부터 불출마 선언까지 한 달도 걸리지 않았다.

반기문의 가장 큰 패착은 보수 진영 내의 주도권을 잡는 데 실패한 것이다. 높은 지지율을 무기로 보수 진영을 본인 중심으로 재편할 수 있으리란 반기문의 기대와 달리, 보수 후보들은 쉽게 움직이지 않았다. 왜 보수 진영은 반기문을 중심으로 뭉치지 못했을까?

우선 안철수는 문재인, 반기문 양쪽 모두와의 단일화를 거부하며 자강론을 주장했다. 1월 중순 여론조사 기준, 안철수의 지지율은 한 자릿수에 불과해 문재인, 반기문과 격차가 컸다. 이 시기 후보단일화는 어떤 쪽이든 출마 포기를 의미했다.

안철수가 출마를 포기하고 반기문을 지지해도 보상은 전혀 기대할 수 없었다. 반기문이 가진 건 지지율뿐이었다. 지지율은 타인에게 나눠줄 수가 없다. 당시 국민의당의 의석수는 38석에 불과했고, 그마저도 안철수의 당내 영향력이 약했기 때문에 의석수를 무기로 무엇인가를 요구할 수도 없었다. 그나마 안철수가 양보해서 반기문이 확실히 당선된다면 해볼 만한 도박이었겠지만, 반기문의 지지율은 갈수록 떨어졌다. 1월 중순 여론조사에서는 문재인과 반기문 양자구도일 경우에도 20% 이상 반기문이 지는 걸로 나오기 시작했다.[1]

오히려 반기문에 대한 이탈 표가 안철수에게 옮겨가면서 안철수의 지지율이 10%를 넘기기 시작했다. 안철수의 입장에서는 지지율 상승을 지켜보다가 대등한 후보단일화를 시도하는 것이 나은 선택이었다. 특히 반기문 지지층은 충청도 일부를 제외하면 아주 유동적으로, 문재인을 제외한 후보 중 1등 후보에게 언제든지 옮겨갈 수 있었다. 지지율 변동이 큰 시기, 다시 말해 특정 후보가 선거운동 기대효과를 갖는 시기에는 후보단일화 논의가 이뤄지기 어렵다.

반기문의 입장에서는 지지율이 떨어질수록 안철수 등과 단일화가 더 시급해진다. 하지만 반대로 안철수의 입장에서는 먼저 출마를 포기하기보다는 반기문과 지지율이 비등해지는 시점을 기다려 대등한 후보단일화를 시도하는 게 더 나은 선택이다. 반기문과의 단일화를 전후해 바른정당의 유승민, 제3세력이라 불리던 김종인·정운찬·홍석현 등과 협상해 세력을 키울 수도 있었다.

반기문이 2016년 가을의 압도적 지지율을 2017년 1월까지 유지했다면, 이 시기 안철수와의 후보단일화는 가능했을 수도 있다. 이 경우에도 안철수에게 어떤 보상을 해줄 수 있는지는 확실하지 않다. 하지만 조기 대선으로 대선 준비를 제대로 하지 못했던 반기문의 지지율은 빠르게 떨어졌고, 안철수와의 후보단일화 국면은 만들어지지 않았다.

유승민의 입장은 조금 더 복잡했다. 바른정당은 창당 때부터 반기문과의 합류를 염두에 두었다. 유승민은 반기문을 포함해 모든 보수 세력과의 단일화를 열어두었다. 지지율이 한 자릿수에 불과하던 유승민에겐 불가피한 선택이었다. 바른정당은 반기문이라는 새로운 얼굴이 없이는 박근혜 정부의 일부였다는 과오에서 벗어나기 어려웠다.

다만 유승민은 당 밖에서의 단일화가 아니라 바른정당 내부에서의 단일화에 좀 더 무게를 두었다. 유승민은 반기문에게 후보를 양보하면서 보수 세력을 본인 중심으로 재편하려는 계획과 본인이 후보가 될 계획 두 가지 모두를 염두에 둔 것으로 보인다. 유승민은 반기문에 비해 지지율이 많이 부족했지만, 당내 경선에서는 본인의 조직으로 이를 일정 정도 극복할 수도 있었다.

하지만 반기문의 입장에서는 유승민과만 단일화해서는 당선 가능성을 크게 높일 수 없다. 오히려 박근혜 정권의 과오를 같이 떠맡아 박근혜에 대해 분노하는 유권자층의 이탈을 불러일으킬 수도 있다. 적어도 안철수까지 포함하는 단일화를 해야 당선 가능성도 높이고, 새로운 보수 세력이라는 명분도 챙길 수 있었다. 유승민은 반기문을 향해 애매한 러브콜을 보냈지만, 반기문에게는 매력이 없는 카드였다.

이 시기 새누리당은 유력 후보가 전혀 없는 상황이어서 후보단일화의 대상이 되지 못했다. 대통령 권한대행인 황교안 국무총리에게 그나마 기대를 걸고 있었다.

후보 난립 속에 멀어지는
후보단일화

두번째 시기는 2월 1일 반기문의 사퇴 이후 3월 10일 박근혜 대통령 탄핵과 그에 따른 3월 15일 황교안 대통령 권한대행 불출마 선언까지이다. 이 시기 대선판은 백가쟁명이었다. 문재인이 압도적 1위를 유지하는 가운데, 더불어 민주당의 안희정, 이재명, 정세균, 바른정당의 유승민, 남경필, 자유한국당*의 홍준표, 김진태, 소위 '제3세력'이라는 김종인, 정운찬, 홍석현 등이 대선 출마를 준비했고, 황교안 권한대행의 출마설도 계속 제기되었다. 그러나 더불어민주당 후보들을 제외하고 다들 미미한 지지율을 보였다.

그나마 보수 진영 지지율 1위인 황교안도 10%를 겨우 넘겼고, 문재인과 양자 대결을 하면 더블스코어로 진다고 나왔다.[2] 어떻게 후보단일화를 해도 당선 가능성에 큰 변화가 없는 상황이었다. 당연히 후보단일화 논의는 지지부진 했다. 게다가 황교안도 박근혜 대통령 탄핵이 헌재에서 통과될 경우, 출마가 현실적으로 불가능했다. 대통령 권한대행을 비울 수 없

---

* 2017년 2월 새누리당에서 당명을 변경했다.

었기 때문이다. 3월 10일 헌재가 탄핵을 인용했고, 황교안은 3월 15일 불출마를 선언하고 5월 9일 대선까지 권한대행직을 유지한다.

바른정당 유승민 후보만 새누리당과의 보수 후보단일화를 강하게 주장했지만, 정작 바른정당은 공식적으로 후보단일화는 없다는 결정을 한다. 유승민의 이러한 행보는 대구경북 지역 표심을 끌어모아 당내 경선을 이기려는 것이었지, 실제로 단일화 의지가 강했다고 보긴 어렵다. 왜냐하면 유승민은 당내 경선을 이긴 후 바로 후보단일화를 하지 않겠다고 입장을 바꾸었기 때문이다. 심지어 바른정당은 선거 직전에 후보단일화를 꼭 해야 한다는 입장으로 바뀌었는데도 유승민만 단일화 불가론을 유지했다.

이 시기 후보들은 가능성도, 효과도 없는 후보단일화를 시도하기보다는 당내 경선 승리를 목표로 각자의 지지층을 다지는 데 주력했다. 헌재의 탄핵 결정으로 불안정한 정국이 정리되고, 각 당 경선을 거치며 난립한 후보들이 정리되면 문재인과 반反문재인의 일대일 구도를 만들 기회가 올 수 있기 때문이다. 각 후보들은 자신이 그 기회의 주인공이 되리라 기대하며 열심히 뛰었지만, 지지율 변화는 뚜렷하지 않았다.

안철수로 단일화하면
이길 수 있다는데도

세번째 시기는 3월 15일 황교안 불출마 선언 이후 각 당의 후보가 확정되는 4월 초순까지이다. 이전 시기와 마찬가지로 문재인의 우세가 유지되었다. 그러나 차츰 지지율이 낮은 후보들이 정리되며 유력 후보군이 생기기 시작한다. 더불어민주당의 안희정, 이재명은 경선 패배가 유력해지면서 점차 지지율이 떨어졌다. 이들의 지지자들은 상당 부분 안철수 지지로 옮겨갔다. 황교안의 불출마 선언 후 마땅한 대안이 없던 자유한국당에서는 홍준표 경남도지사가 유력 후보가 되어갔다. 당내 경선으로 하나로 모아질 더불어민주당 후보들을 제외하면, 2등 안철수, 3등 홍준표의 구도가 조금씩 굳어져갔다. 하지만 이 시기에도 안철수, 홍준표 등의 지지율을 모두 합쳐도 문재인을 이길 수 없었기에 후보단일화 논의는 본격화되지 않았다.

　네번째 시기는 4월 초 각 당의 후보가 확정된 시기부터 4월 17일 선거운동 개시일까지의 기간이다. 더불어민주당 문재인, 자유한국당 홍준표, 국민의당 안철수, 바른정당 유승민, 정의당 심상정으로 후보가 확정되며 판도가 정리되었다. 2017

년 대통령 선거에서 문재인 대세론이 가장 크게 흔들렸던 시기이자, 후보단일화 논의가 그나마 활발했던 시기다.

이 시기 안철수의 지지율이 급등하며 문재인과 양강구도를 형성했다. 가장 큰 원인은 더불어민주당 경선 종료였다. 경선에서 떨어진 안희정을 지지했던 유권자 중 상당수가 안철수 지지로 옮겨갔다. 안희정은 더불어민주당 내에서 줄곧 보수적인 입장을 유지해오며, 박근혜 탄핵에 찬성하지만 문재인을 싫어하거나 불안해하는 유권자 층의 지지를 받아왔다. 안희정이 경선에서 떨어지자 '박근혜 정권과 상관없고, 문재인이 아닌' 후보는 안철수만 남게 되었다.

문재인이 더불어민주당 후보로 확정된 4월 3일, 안철수 44%, 문재인 36%의 지지율로 양자구도에서 처음으로 안철수가 문재인을 이기는 여론조사 결과가 보도되었다.[3] 문재인 캠프에서는 여론조사의 신뢰성에 문제를 제기했지만, 이 조사는 문재인 대세론을 뒤흔들고 안철수 쏠림 현상을 본격화하는 시발점이 되었다.

양자 대결로 가면 안철수가 이긴다는 여론조사 결과가 연이어 발표되었다. 5자, 6자 다자구도에서도 안철수와 문재인은 비등하게 나왔다. 안철수는 박근혜 대통령의 사면도 검토할 수 있다는 등의 발언으로 보수 세력 전체의 지지를 확보해갔다. 일부 언론에서는 연일 보수 단일화를 부추기는 보도를 이어나갔다.

그러나 결론적으로 이 시기 후보단일화는 협상 단계까지도 진행되지 않았다. 성사되면 이길 수 있다고 하는데도 왜 안철수·홍준표·유승민의 단일화는 시도조차 안 됐을까? 가장 큰 문제는 2위 후보 안철수와 3위 후보 홍준표의 지지율 차이가 너무 컸다는 점이다. 4월 첫 주 5자구도로 진행된 여론조사에서 지지율은 안철수 35%, 홍준표 7%였다.[4] 홍준표는 자유한국당 지지층에게도 인기가 없었고, 홍준표의 입장에서 이 시기 단일화는 무조건적인 양보였다. 양보한다고 해서 마땅히 얻을 보상도 없었다.

홍준표는 후보단일화를 거부하며 안철수를 찍으면 박지원*이 상왕이 된다라며 공격했다. 영남 및 보수 유권자층이 가지고 있는 박지원 원내대표 및 호남에 대한 비호감을 자극해, 그들이 안철수에게 쏠리지 않도록 한 것이다. 반대로 안철수 입장에서는 홍준표와의 단일화를 강하게 주장할 경우, 자유한국당과 홍준표를 싫어하는 호남 유권자들이 문재인에게로 마음을 돌릴 가능성이 컸다. 안철수는 홍준표가 수용할 리

* 당시 국민의당 원내대표.

없는 단일화를 주장하는 대신, 본인이 문재인에게 이길 수 있는 유일한 후보임을 반복해서 강조했다.

홍준표는 안철수에게 후보를 양보하기보다, 유승민과 좁은 의미의 보수단일화를 통해 일단 본인의 지지율을 높이려 했다. 홍준표는 4월 7일 "바른정당과 합치는 방안을 강구하겠다"고 이야기했고, 이철우 자유한국당 사무총장도 같은 날 "안철수와의 연대는 어불성설, 보수대통합이 우선"이라고 이야기했다. 문재인에 반대하는 유권자들이 안철수에게 완전히 몰리는 것을 막고, 본인의 지지율을 회복해 안철수와의 대등한 후보단일화 국면을 만들어야만 했다.

하지만 정작 유승민은 안철수, 홍준표 양쪽 모두와 단일화할 생각이 없었다. 유승민은 4월 10일, 국민의당의 안보관이 의심스럽다며 연대를 생각하지 않고 있다고 이야기한다. 또 홍준표에 대해서도 '당당하지 않다'고 비난하며 단일화를 거부했다. 유승민은 경선 과정에서는 문재인을 제외한 모든 후보와의 연대를 강하게 주장했다. 하지만 경선에서 승리하자 바로 입장을 바꾼 것이다.

당시 유승민의 지지율은 5% 이하였다.[5] 바른정당 의석수는 30여 석 되었지만 선거 와중에도 의원들의 탈당설이 계속 제기되었다. 선거가 가까워지는데도 바른정당은 대안적인 보수 세력의 모습을 보여주지 못했고, 당의 근거들이 무너져갔다. 유승민으로선 후보 양보는 그저 백기를 들고 투항하는 것에 가까웠고 당선이 안 되더라도 어떻게든 완주해야 정치적으로 생존할 수 있었다.

결국 홍준표는 유승민과의 단일화를 통해 안철수와 대등하게 단일화를 하고 싶었지만, 유승민은 이를 거부했다. 안철수는 호남 유권자층의 이탈 위험을 감수하고 홍준표와의 가능성 없는 단일화를 추진하기보다는 반문재인 전선의 적임자임을 강조하여 표 쏠림을 극대화하려고 했다.

하지만 본 선거가 다가올수록 안철수에 대한 부정적인 기사들이 쏟아졌다. 안철수가 유력 후보로 떠오르자 수면 밑에 있던 의혹들이 한번에 터져나왔다. 안철수 조폭 연루설, 배우자와 관련한 논란 등이었다. 그러면서 안철수 열풍도 주춤해진다. 안철수 대세론이 한번 무너지자 안철수의 지지율은 빠르게 떨어진다. 반면 홍준표의 지지율은 자유한국당의 기존 조직을 재정비하고 전통적인 보수 의제들을 강조하면서 상승한다. 박근혜 탄핵 국면이 정리되면서 자유한국당 지지율은 조금씩 회복되어갔다.

돌아올 수 없는 강을 건너는
홍준표

다섯번째 시기는 본 선거운동이 시작한 4월 17일부터 5월 9일 대선 당일까지다. 기본적인 구도에는 큰 변화가 없었다. 문재인 대세론이 굳어져 본 선거운동 기간은 오히려 더 싱겁게 진행되었다. 안철수로 단일화해도 문재인을 이길 수 없다는 게 점차 확실해졌다. 양자구도가 된다 해도 문재인이 안철수를 10% 이상 이긴다는 여론조사가 발표됐다.[6] 보수 유권자들은 당선 가능성보다는 자신의 소신에 따라 투표하는 경향이 강해졌고, 투표일이 가까워질수록 보수 유권자들의 표심은 오히려 점차 분산되었다.

홍준표는 이 기간에 지지율이 점차 올랐다. 본 선거운동에 들어서면서 자유한국당의 조직, 자본, 선거운동 노하우가 본격적으로 움직였다. 또 홍준표는 대북 문제, 동성애 혐오 등 극우 세력이 예민하게 반응하는 문제를 본격적으로 제기하며 지지를 호소했다. 그 결과 안철수와의 지지율 격차는 점차 줄어들며 치열한 2등 싸움이 벌어진다.

이때 안철수와 홍준표, 또는 유승민까지의 지지층을 모두 더한다면 문재인보다 많았다. 실제 투표 결과에서도 안철수,

홍준표, 유승민의 득표를 모두 합치면 문재인보다 많다. 홍준표의 지지율이 점차 높아져 안철수와 비등해졌기 때문에 둘의 대등한 후보단일화가 이뤄질 수 있는 조건이었다. 그러나 본 선거운동 기간 동안 두 후보는 후보단일화를 언급하지 않았다. 물론 투표일까지 남은 기간이 절대적으로 부족하기도 했지만 이전 사례에서 투표일 직전까지 이어진 단일화 협상들도 많았다.

안철수와 홍준표의 단일화가 이뤄지지 못한 가장 큰 이유는 한정된 보수 유권자층의 지지를 끌어오기 위해 서로 밀어내는 방식으로 선거운동을 진행해서였다. 그렇기 때문에 단일화를 한다고 해도 각 후보를 지지하는 유권자들이 상대 후보로 넘어갈 것이라 기대하기 어려웠다.

특히 홍준표는 자유한국당 지지층을 재건하기 위해 뚜렷한 극우 정체성을 드러내는 선거운동을 했다. 홍준표는 '강성귀족노조 때려잡겠다', '종북좌파 세력에게 지원을 배제하는 블랙리스트가 뭔 잘못이냐. 나는 경남도지사 할 때 좌파 세력 지원금 다 끊었다', '김대중·노무현 정권의 대북 퍼주기가 북핵으로 돌아왔다', '안철수와 국민의당은 민주당 2중대다' 등 중도 세력이 받아들이기 어려운 발언을 이어나갔다. 가장 큰 쟁점은 역시 박근혜였다. 홍준표는 "박근혜 전 대통령이 받은

건 최순실의 옷 몇 벌밖에 없다"며 박근혜의 무죄를 주장하고, 본인이 대통령이 되면 박근혜 대통령을 사면하겠다고 이야기했다.

홍준표는 안철수와 비등한 수준인 20% 지지율을 회복했지만, 정치적으로 고립된 유권자층의 지지를 결집시킨 것이었기 때문에 다른 후보와 연대를 이루기 어려웠다. 홍준표와 문재인 양자구도가 되어도 홍준표는 20% 득표에 머무르는 것으로 나타났다.[7] 특히 박근혜의 탄핵으로 조기에 치러지는 대선에서, 박근혜 무죄를 주장하면서 돌아올 수 없는 강을 건너게 된다. 결국 홍준표-안철수 단일화는 시도도 되지 못한 채 선거는 문재인의 압도적인 승리로 끝났다.

후보단일화와 한국 정치의 미래

1991년 3당 합당 이후 대통령 선거는 민자당(과 후계 정당)과 민주당(과 후계 정당)의 싸움을 기본으로 하여 김영삼과 김대중 두 거인이 만든 틀 안에서 반복되어왔다. 대통령 선거는 이러한 양자구도를 기본으로, 양당에 만족하지 못하는 유권자들을 대변하는 제3당 혹은 제3후보가 등장했다 사라졌다 하는 구도를 반복해왔다. 1992년 통일국민당의 정주영은 3당 합당과 김대중에 모두 반대하는 유권자를 기반으로 했다. 1997년에는 민자당에서 탈당한 김종필이 충청 유권자들과 함께 김대중과 손을 잡았다. 민자당 계열 정당과 민주당 계열 정당 사이에서 새로운 대안을 찾고 싶었던 유권자들은 2002년 정몽준, 2007년 문국현, 2012년과 2017년의 안철수까지 연이어 기업인들을 대선 후보로 올려 세웠다.

　이런 2+1 선거구도에서 후보단일화는 늘 민주당 계열 정당의 전략이었다. 지금 '국민의힘'이라는 이름을 가진 민자당 계열 정당은 식민 지배와 전쟁으로부터 내려오는 강력한 행정부와 군대 등 국가 기구와 관료들, 이러한 강한 국가와 결탁하여 성장해온 재벌 자본, 국가와 자본의 행위에 적절한 명분을 만들며 부와 권력을 나눠가진 주류 학계·문화계·종교계의 끈끈한 결합물이다. 더 정확히는 한국사회 주류 카르텔이 정치 영역에서 표현되는 것이 보수 정당이었다. 한국의 여당은 풍부한 사회적 자원들을 동원하여 늘 우리 사회 주류의 이념을 이끌어왔다. 특히 1987년 대통령 선거와 1991년 3당 합당, 1992년 대통령 선거를 통해서 영남 지역주의와 결부된 민자당 계열은 안정적으로 지지 세력을 유지해왔다.

　반면 민주당 계열 정당은 한국 주류에 대항적인 엘리트들의 정당이었다. 민주당은 한국 사회에서 주류가 아니었던 집단들을 열심히 규합해왔다. 사회경제적으로는 서민과 중산층, 이념적으로 민주주의와 평화 세력을 모으기 위해 노력해왔다. 하지만 민자당계 권력 카르텔에 맞서 민주당이 대권을 차지한다는 것은 정말 힘든 일이었다. 민주당은 민자당 외의 모든 정치 세력을 긁어모아야만 겨우 대선에서 승리할 수 있었다. 민주당의 연대 세력은 때로는 민자당 당내 투쟁에서 낙오된 세력이기도 했다. 1997년에는 김종필이었고, 2002년에는 정몽준이었다. 그리고 후보단일화는 이렇게 세력을 규합해 반민자당 전선을 만드는 민주당의 전략이었다.

2016년 박근혜 대통령 탄핵은 민자당계 정당의 우위를 무너뜨리는 사건이었다. 2017년 대선에서 나타난 민주당의 우위구도와 보수 후보들의 합종연횡은 한국 정치에서 매우 낯선 것이었다. 이런 민주당 우위에 대해서는 두 가지 해석이 있다. 우선 인구구조 변동에 따른 사회적 주류 교체이기 때문에 당분간 지속될 것이란 해석이 있고, 탄핵 충격에 따른 일시적 현상으로 보수 우위로 회복될 것이란 해석도 있다. 적극적인 적폐청산론도 가만히 있으면 보수 우위로 회복될 것이란 전망에 기반한 것이기 때문에 후자로 볼 수 있다. 2022년 대통령 선거는 여당인 민주당이 우위가 일시적인 것인지, 지속적인 것인지를 판가름하는 중요한 기점이 될 것이다.

후보단일화가 하나의 제도처럼 굳어지자, 하나의 대안으로 결선투표제가 지속적으로 대두되었다. 결선투표제는 민주적 원칙보다는 각 정당의 처지에 맞춰 명분을 끌어오는 식으로 논의되어왔다. 가장 꾸준히 결선투표제 도입을 주장한 곳은 현재 정의당인 진보정당 계열 정당이었다. 민주노동당으로

부터 이어져온 한국의 진보정당들은 정당지지율에 비해 대통령 선거에서 많은 표를 받지 못했다. 국회의원 비례대표 등 정당투표에서는 진보정당에 투표하는 유권자들도 대선에서는 민자당 계열 정당의 집권을 막기 위해 민주당 계열 정당 후보에 투표하는 경우가 많았기 때문이다. 소위 '사표 방지' 또는 '비판적 지지' 논리다. 진보정당은 결선투표제가 도입되면 민주당을 넘어서 자신들이 민자당계 정당과 맞붙어볼 수 있다고 보았다.

2017년 대선에서는 안철수와 국민의당이 결선투표제 도입을 강력히 주장했다. 안철수는 보수 진영이 사분오열되고 마땅한 후보가 없는 상황에서 본인이 2등은 할 수 있다고 예상한 듯하다. 실제 투표에서도 2등 홍준표 후보와 아주 작은 격차로 3등을 했다. 문재인과 안철수가 결선투표에 오르면 소위 '중도 후보'인 본인이 보수 유권자들의 지지를 규합해 승리할 수 있다는 시나리오다. 안철수는 박근혜 게이트의 책임이 있는 보수 세력과 직접 연대에 나서지 않으면서도, 실질적인 후보단일화 효과를 낼 방법으로 결선투표제 도입을 주장했다.

정의당과 국민의당은 2016년 20대 국회 개원 직후부터 더불어민주당에 결선투표제를 도입하라고 압박했다. 정의당과 국민의당이 공조하여 더불어민주당에 결선투표제 도입을 압박할 수 있는 건 문재인 스스로 결선투표제 도입이 필요하다고 밝힌 바 있기 때문이다. 결선투표제 도입은 2012년 대선 당시 문재인의 공약이었다. 그 이후에도 문재인은 대선 소회를 밝히며 결선투표제 도입이 필요하다고 주장한 바 있었다. 후보단일화 때문에 정책 선거를 할 시간을 잃었고, 야권 지지자들에게 큰 상처를 주었다면서 말이다. 1강 2중 구도로 괴로운 선거를 치러야 했던 문재인의 경험이 담긴 주장이다.

결선투표제가 필요한가 하는 질문은 앞으로도 후보단일화가 계속 될 것인가와 같은 질문이다. 사실 이론적으로 보자면 한국의 선거 제도는 양당제와 잘 맞는다. 대통령 선거와 국회의원 지역구 선거처럼 한 표라도 더 많이 받는 한 명만 당선되는 선거 제도를 단순다득표제 선거라고 하는데, 이런 선거 제도하에서는 각 정치 세력들이 '51%'를 얻기 위해 점점 뭉치게 되어 전선이 하나만 남게 된다. 뒤베르제의 법칙 등 고전적 정치학 이론에서는 이러한 선거 연합이 반복되면 결국은 비등비등한 두 세력만 남아 양당제가 된다고 본다. 가장 대표적인 사례는 확고한 양당제를 가진 미국이다. 우리 민주주의도 미국처럼 양당제가 굳어진다면 언젠가 후보단일화도 사라지고, 결선투표제도 필요하지 않을 것이다.

새로운 정당의 출현을 설명하는 정치학 이론들도 있다. 정당들은 유권자들의 선호에 맞춰 정치적 위치를 조정하거나 확장해나가면서 집권을 노린다. 그러나 기존 정당들의 노력이 실패해 많은 유권자들이 자신의 뜻을 대변하는 정당이 없다고 느끼면 새로운 정당이 등장해 성장하는 조건이 된다. 한국 정치에서는 민자당 계열 정당과 민주당 계열 정당이 자신을 대변하지 못한다고 생각하는 유권자 집단이 정주영, 정몽준, 문국현, 안철수를 지지한 이들이다.

한국 정치는 반대 방향의 두 힘을 동시에 받아왔다. 선거 제도는 양당제를 추동하는데, 양당의 부족함은 새로운 정치 세력의 등장을 추동해왔다. 후보단일화는 이런 반대되는 두 힘 사이에서 도무지 안정을 찾지 못하고 요동치는 한국 정치에 대한 임시방편적 요법이다. 기존 정당이 유권자들의 선호를 제대로 반영하지 못하니 끊임없이 새로운 정치 세력들이 등장하는데, 어쨌든 선거는 일대일의 구도로 치러지기 때문에 어설프게 가건물 하나 지어서 일단 선거에는 대응해왔다. 그것이 후보단일화다.

후보단일화는 법적 절차를 따르지 않고, 국민들이 통제할 수 없다는 점에서 비민주적이다. 또한 후보들 입장에서도 불안정성이 너무 커서 좋은 제도적 방법이라고 할 수 없다. 그런데도 후보단일화는 이제 선거에서 으레 나타나는 하나의 제도처럼 되어버렸다. 후보단일화를 통해 요행을 얻어보려는 한 탕주의적 세력도 등장했었다.

　그 과정에서 후보단일화의 이유가 된 기존 정당이 국민을 대변하지 못하고 있다는 사실은 가려진다. 정당들이 유권자들의 선호를 온전히 반영하는 데 실패해왔기 때문에 양당제를 강하게 추동하는 선거 제도하에서도 후보단일화는 반복적으로 등장했다. 후보단일화의 운명은 앞으로도 한국의 정당들이 계속 실패할 것인가에 달려 있다. 한국 사회가 어떤 모습이고, 이를 온전히 대변하기 위해 어떤 정당 체제가 필요한지에 대한 포괄적 진단이 필요하다.

　한국 사회의 갈등을 도저히 두 당만으로 포괄할 수 없다면, 결선투표제를 포함해 다당제 구조에 걸맞은 선거 제도와 권력 구조를 구축해야 한다. 선거 제도가 비례성이 낮아 민의를 온전히 반영하지 못한다는 문제는 지속적으로 제기되어왔다. 민주화 이후 과반의 득표로 당선된 대통령은 한 명뿐이었고, 역설적이게도 그 대통령은 탄핵당했다. 대통령 선거에 결선투표제를 도입한다면 국회의원 선거도 비례대표제 확대, 중대선거구제 도입 등 다당제 구조에 맞도록 바꿔야 한다.

　사실 선거 제도의 근본적 개혁은 쉽지 않다. 선거구 몇 개 조정하는 것도 사생결단을 해야한다. 현역 정치인, 정치 지망

생, 유권자 모두의 이해관계가 복잡하게 얽힌 문제다. 선거 제도 개혁보다는 현 제도에서 어떻게 유권자들의 선호를 빈틈없이 담아내는 정당을 만들 것인가를 먼저 고민해야 한다. 사회적 격변기가 아닌데도 시도 때도 없이 제3후보가 등장하는 모습은 한국 정치의 토대를 재구축해야 한다는 요청이다.

2020년 제21대 국회의원 선거에서는 1당, 2당이 합쳐 300석 중 283석(비례위성정당 포함)이나 얻었다. 많은 사람들은 양당제가 굳어졌다고 평가했다. 2016년 연초에는 새정치민주연합에서 국민의당이, 연말에는 새누리당에서 바른정당이 분당했지만 두 당은 이미 소멸했다.*

후보단일화는 계속 나타날까? 정당들이 계속 유권자의 마음을 몰라준다면, 우리는 향후에도 당분간 지겹고 소모적인 후보단일화를 봐야 할 것이다. 그리고 이 책의 수명은 길어질 것이다. 이 책이 오래도록 많이 읽혔으면 하는 마음과 한국의 정당 체제가 안정되었으면 하는 기대가 동시에 든다. 한국 정치만큼이나 모순적인 바람이다.

* 2021년 현재의 국민의당은 2020년에 창당한 것이다.

주

1장 1987년 김대중−김영삼

1 김영삼,『김영삼 회고록 3: 민주주의를 위한 나의 투쟁』, 백산서당, 2000. 74쪽.

2 김영삼,『김영삼 회고록 3: 민주주의를 위한 나의 투쟁』, 백산서당, 2000. 100쪽.

3 김영삼,『김영삼 회고록 3: 민주주의를 위한 나의 투쟁』, 백산서당, 2000. 101쪽.

4 김대중,『김대중 자서전』, 삼인, 2010. 529~530쪽.

5 한상휘·오연호,『김영삼·김대중 경쟁과 공존의 역사』. 의암, 1992. 207쪽.

6 김영삼,『김영삼 회고록 3: 민주주의를 위한 나의 투쟁』, 백산서당, 2000. 108쪽.

7 김영삼,『김영삼 회고록 3: 민주주의를 위한 나의 투쟁』, 백산서당, 2000. 112~113쪽.

8 『제13대 대통령 선거 자료집』, 조선일보사, 1988. 83~84쪽.

9 『제13대 대통령 선거 자료집』, 조선일보사, 1988. 70~71쪽.

10 『신동아』, 「87년 대통령 선거 야권후보단일화 실패 내막: 속고 속인 3김, 역사적 우행」, 1990년 1월호, 435~436쪽.

11 『신동아』, 「87년 대통령 선거 야권후보단일화 실패 내막: 속고 속인 3김, 역사적 우행」, 1990년 1월호, 436~437쪽.

12 김대중,『김대중 자서전』, 삼인, 2010. 533~537쪽.

13 김영삼,『김영삼 회고록 3: 민주주의를 위한 나의 투쟁』, 백산서당, 2000. 130쪽.

14 김영삼, 『김영삼 회고록 3: 민주주의를 위한 나의 투쟁』, 백산서당, 2000. 131쪽.

2장 1992년과 1997년의 김대중

1 유상영·장신기 외, 『김대중 연보: 1924-2009』, 연세대학교 김대중도서관, 2011. 867쪽.

2 유상영·장신기 외, 『김대중 연보: 1924-2009』, 연세대학교 김대중도서관, 2011. 902쪽.

3 유상영·장신기 외, 『김대중 연보: 1924-2009』, 연세대학교 김대중도서관, 2011. 910쪽.

4 『경향신문』 1987년 10월 6일자.

5 『김대중 집권비사: 정권교체, 그 숨가빴던 순간들』, 한겨레신문사, 1998. 43~44쪽.

6 『김대중 집권비사: 정권교체, 그 숨가빴던 순간들』, 한겨레신문사, 1998. 46~48쪽.

7 김대중, 『김대중 자서전』, 삼인, 2010. 666쪽.

8 『김대중 집권비사: 정권교체, 그 숨가빴던 순간들』, 한겨레신문사, 1998. 55쪽.

9 〈김영삼 통일민주당 총재 관훈토론회〉, 관훈클럽. 1987.

10 김현우, 『한국 정당통합 운동사』, 한국학술정보, 2000. 745~746쪽.

11 조현연, 『동향과 전망』, 「15대 대통령 선거와 'DJP 지역연합'」, 1997년 봄호. 103-131쪽. 한겨레 1997/1/11 ?? (확인 요)

12 『제15대 대통령 선거방송토론위원회 보고서』, 대통령 선거방송토론위원회, 1998. 182~184쪽.

13 『김대중 집권비사: 정권교체, 그 숨가빴던 순간들』, 한겨레신문사, 1998. 255~259쪽.

3장 2002년 노무현-정몽준

1 『매일경제』,「노 후보 "후보단일화 가능성 전무", "후보사퇴 없다"」, 2002년 10월 15일자.

2 엄광석,『2002 대선음모: 엄광석 대기자가 파헤친 2002 대선의 비밀』, 청어, 2003, 110~112쪽.

3 유시민·노무현재단,『운명이다』, 돌베개, 2010. 195쪽.

4 『주간동아』,「용호상박 '대선 플레이오프' 막 오르다」, 2002년 11월 28일자.

5 엄광석,『2002 대선음모: 엄광석 대기자가 파헤친 2002 대선의 비밀』, 청어, 2003. 114쪽.

6 김민석,『3승』, 비타베아타, 2012. 30쪽.

7 엄광석,『2002 대선음모: 엄광석 대기자가 파헤친 2002 대선의 비밀』, 청어, 2003. 108쪽.

8 『주간동아』,「용호상박 '대선 플레이오프' 막 오르다」, 2002년 11월 28일자.

9 엄광석,『2002 대선음모: 엄광석 대기자가 파헤친 2002 대선의 비밀』, 청어, 2003. 116~117쪽.

10 김민석,『3승』, 비타베아타, 2012. 37쪽.

11 김성수,『국민의 선택과 변화: 16대 대선의 정치학적 분석』, 역락, 2004. 104쪽.

12 유시민·노무현재단,『운명이다』, 돌베개, 2010. 196~199쪽.

13 정몽준,『나의 도전 나의 열정: 정몽준의 인생과 세상 이야기』, 김영사, 2011. 222~225쪽.

4장 2007년 문국현-정동영

1 『노컷뉴스』,「문국현 "후보단일화 이뤄질 것"」, 2007년 9월 10일자.

2 『세계일보』,「후보단일화 무산은 문국현 책임」, 2007년 12월 18일자.

3 『매일경제』,「범여권 단일화 효과 작을 듯」, 2007년 12월 13일자.

4 『내일신문』, 「대선주자 인터뷰 – 창조한국당 문국현 후보」, 2007년 11월 23일자.

5 『머니투데이』, 「鄭-文 단일화 비하인드 스토리 공개」, 2007년 12월 19일자.

5장 2012년 문재인-안철수

1 금태섭, 『이기는 야당을 갖고 싶다』, 푸른숲, 2015. 64~66쪽.

2 강동호·오창훈·정연정·강연재, 『안철수는 왜?』, 더굿, 2015. 29~31쪽.

3 금태섭, 『이기는 야당을 갖고 싶다』, 푸른숲, 2015. 129~130쪽.

4 2021년 11월 5일, 안철수 전남대 강연.

5 홍영표, 『비망록』, 다산북스, 2013. 128쪽.

6 금태섭, 『이기는 야당을 갖고 싶다』, 푸른숲, 2015. 132~133쪽.

7 금태섭, 『이기는 야당을 갖고 싶다』, 푸른숲, 2015. 145쪽.

8 홍영표, 『비망록』, 다산북스, 2013. 139~140쪽.

9 홍영표, 『비망록』, 다산북스, 2013. 138쪽.

10 강동호·오창훈·정연정·강연재, 『안철수는 왜?』, 더굿, 2015. 39쪽.

11 금태섭, 『이기는 야당을 갖고 싶다』, 푸른숲, 2015. 147~148쪽.

12 홍영표, 『비망록』, 다산북스, 2013. 158쪽.

13 홍영표, 『비망록』, 다산북스, 2013. 40~41쪽.

14 민주통합당 대선평가위원회, 『제18대 민주통합당 대선평가보고서』, 2013.

15 문재인, 『1219 끝이 시작이다』, 바다출판사, 2013. 195쪽.

16 홍영표, 『비망록』, 다산북스, 2013. 165쪽.

17 홍영표, 『비망록』, 다산북스, 2013. 198~199쪽.

18 문재인, 『1219 끝이 시작이다』, 바다출판사, 2013. 195쪽.

19 문재인, 『1219 끝이 시작이다』, 바다출판사, 2013. 196쪽.

20 홍영표, 『비망록』, 다산북스, 2013. 184~185쪽.

21 금태섭, 『이기는 야당을 갖고 싶다』, 푸른숲, 2015. 151쪽.

22   금태섭, 『이기는 야당을 갖고 싶다』, 푸른숲, 2015. 159~160쪽,
      190~191쪽.

6장 2017년 안철수−홍준표

1   『한국일보』, 한국리서치, 2017년 1월 15~16일 조사.
2   『국민일보』, 한국사회여론연구소, 2월 3~4일.
3   『내일신문』, 디오피니언, 2017년 4월 2일 조사.
4   한국갤럽, 〈데일리 오피니언 제253호〉, 4월 4~6일 조사.
5   한국갤럽, 〈데일리 오피니언 제253호〉, 4월 4~6일 조사.
6   『동아일보』, 리서치앤리서치, 5월 1~2일 조사.
7   『동아일보』, 리서치앤리서치, 5월 1~2일 조사.

후보단일화 게임

1판1쇄 펴냄 2021년 9월 30일

지은이 황두영

펴낸이 김경태
편집 홍경화 성준근 남슬기 한홍비
디자인 박정영 김재현
마케팅 전민영 서승아
경영관리 곽근호

펴낸곳 (주)출판사 클
출판등록 2012년 1월 5일 제311-2012-02호
주소 03385 서울시 은평구 연서로26길 25-6
전화 070-4176-4680 팩스 02-354-4680 이메일 bookkl@bookkl.com

ISBN 979-11-90555-70-8 03340